Ludmila Schubert

Sprachführer
Deutsch – Ukrainisch – Russisch

Ludmila Schubert

Sprachführer
Deutsch – Ukrainisch – Russisch
Mit Basisvokabular und Kurzgrammatik

2., überarbeitete Auflage

2008

Harrassowitz Verlag · Wiesbaden

Bibliografische Information der Deutschen Nationalbibliothek
Die Deutsche Nationalbibliothek verzeichnet diese Publikation in der Deutschen
Nationalbibliografie; detaillierte bibliografische Daten sind im Internet
über https://dnb.de abrufbar.

Bibliographic information published by the Deutsche Nationalbibliothek
The Deutsche Nationalbibliothek lists this publication in the Deutsche
Nationalbibliografie; detailed bibliographic data are available in the internet
at https://dnb.de.

Informationen zum Verlagsprogramm finden Sie unter
https://www.harrassowitz-verlag.de
© Otto Harrassowitz GmbH & Co. KG, Wiesbaden 2008, 2022
Das Werk einschließlich aller seiner Teile ist urheberrechtlich geschützt.
Jede Verwertung außerhalb der engen Grenzen des Urheberrechtsgesetzes ist ohne
Zustimmung des Verlages unzulässig und strafbar. Das gilt insbesondere
für Vervielfältigungen jeder Art, Übersetzungen, Mikroverfilmungen und
für die Einspeicherung in elektronische Systeme.
Gedruckt auf alterungsbeständigem Papier.
Druck und Verarbeitung: docupoint, Barleben
Printed in Germany
ISBN 978-3-447-05765-3

INHALT

Vorwort des Verlags 2022	9
Vorwort der ersten Auflage 2008	10
Das ukrainische und das russische Alphabet	11
Hinweise zur Orthographie und Phonetik	12

Allgemeine Redewendungen

Anrede / Звертáння / Обращéние	15
Begrüßung / Вітáння / Привéтствие	16
Begegnung / Зýстріч / Встрéча	16
Bekanntschaft / Знайóмство / Знакóмство	18
Bitte / Прохáння / Прóсьба	22
Entschuldigung / Вúбачення / Извинéние	23
Gratulation / Поздорóвлення / Поздравлéние	24
Wünsche / Побажáння / Пожелáния	25
Trinksprüche / Тóсти / Тóсты	26
Dank / Подя́ка / Благодáрность	27
Bejahung, Bestätigung / Згóда, підтвéрдження / Соглáсие, подтверждéние	28
Verneinung, Ablehnung / Запéречення, відмóва / Отрицáние, откáз	29
Abschied / Прощáння / Прощáние	30

Situationen

Visum / Вíза / Вúза	35
Passkontrolle / Пáспортний контрóль / Пáспортный контрóль	37
Zollkontrolle / Мúтний óгляд / Тамóженный досмóтр	38
Reise mit dem Flugzeug / Пóдорож літакóм / Путешéствие самолётом	39
Geldwechsel, Bank / Обмíн валю́ти, банк / Обмéн валю́ты, банк	41
Reise mit dem Zug / Пóдорож пóтягом / Путешéствие пóездом	42
Reise mit dem Auto / Пóдорож автомобíлем / Путешéствие автомобíлем	44

Inhalt

Autowerkstatt / Ста́нція техобслуго́вування / Ста́нция техослу́живания	46
Hotel / Готе́ль / Гости́ница	47
Wohnung, Makler / Поме́шкання, ма́клер / Кварти́ра, ма́клер	51
Friseur / Перука́рня / Парикма́херская	53
Restaurant / Рестора́н / Рестора́н	55
Orientierung / Орієнтува́ння / Ориенти́ровка	59
Öffentliche Verkehrsmittel / Грома́дський тра́нспорт / Обще́ственный тра́нспорт	62
Kaufhaus / Універма́г / Универма́г	66
Lebensmittelgeschäft / Продукто́вий магази́н / Продово́льственный магази́н	68
Post / По́шта / По́чта	70
Panne, Unfall / Ава́рія, неща́сний ви́падок / Ава́рия, несча́стный слу́чай	72
Polizei / Мілі́ція / Мили́ция	73
Medizinische Hilfe / Меди́чна допомо́га / Медици́нская по́мощь	76
Apotheke / Апте́ка / Апте́ка	81
Telefonieren / Розмо́ва по телефо́ну / Разгово́р по телефо́ну	82
Geschäftskontakte / Ділові́ конта́кти / Деловы́е конта́кты	84
Humanitäre Hilfe / Гумані́та́рна допомо́га / Гуманита́рная по́мощь	88
Zu Besuch / У гостя́х / В гостя́х	91
Wetter / Пого́да / Пого́да	94
Sprachkenntnisse / Зна́ння мов / Зна́ние языко́в	96
Freundschaft, Sympathie / Дру́жба, симпа́тія / Дру́жба, симпа́тия	97
Freizeit, Hobby / Ві́льний час, хо́бі / Свобо́дное вре́мя, хо́бби	99
Sport / Спорт / Спорт	101
Theater, Kino / Теа́тр, кіно́ / Теа́тр, кино́	103
Museum, Ausstellung / Музе́й, ви́ставка / Музе́й, вы́ставка	106

Inhalt

Anhang
Häufige Fragen 111
Grundzahlen 114
Altersangabe 115
Ordnungszahlen 116
Datum, Monate 118
Feiertage 119
Uhrzeit, Zeitwörter 122
Geld 124
Maßeinheiten 125
Basisvokabular 127
Abkürzungen 177
Kurzgrammatik 179
Literaturverzeichnis 197

Vorwort des Verlags zur unveränderten Neuauflage 2022

Als dieser Sprachführer 2008 erstmals veröffentlicht wurde, war die Ukraine in Folge der „Orangenen Revolution" gerade auf dem Weg, sich zu einem demokratischen Staat westlicher Prägung zu entwickeln. Seither ist politisch und wirtschaftlich viel geschehen. Einhergehend mit der außenpolitischen Annäherung der Ukraine an die EU und mit wirtschaftlichem Aufschwung wuchs auch das Interesse im Westen an der Kultur und Geschichte der Ukraine. Zahleiche Touristen, Geschäftsleute, Vertreter humanitärer Hilfsorganisationen, Künstler, Schüler und Studenten aus der ganzen Welt bereisten dieses an landschaftlichen Reizen und Traditionen reiche Land. Für sie war dieser Sprachführer konzipiert worden. Da in der Ostukraine überwiegend Russisch gesprochen wurde, während im Westen des Landes Ukrainisch vorherrschte, ist der Sprachführer dreisprachig aufgebaut. Die Nutzer sollten sich in allen lebenswichtigen und alltäglichen Situationen, auch ohne Vorkenntnisse im Ukrainischen oder Russischen, zurechtfinden. Nun hat der von langer Hand geplante und am 24. Februar 2022 begonnene menschenverachtende Angriffskrieg der russischen Föderation auf die Ukraine alles verändert. Gewalt und unsägliches Leid haben das Land überzogen, und hunderttausende Ukrainer sind in das benachbarte Ausland geflohen, sehr viele auch nach Deutschland und nach Österreich. Damit hat auch dieser Sprachführer eine neue – traurige – Funktion erhalten. Für Geflüchtete und deren deutschsprachige Helfer kann er ein erstes Hilfsmittel der Verständigung sein.

Der Sprachführer besteht aus fünf Teilen. Zunächst werden das ukrainische und das russische Alphabet vorgestellt, die phonetischen und orthographischen Besonderheiten der beiden Sprachen verdeutlicht. Der zweite Teil befasst sich mit allgemeinen Redewendungen, Anrede- und Grußformeln, Phrasen und Floskeln, die bei Begegnung, Vorstellung, Entschuldigung, Abschied etc. gebraucht werden. Der dritte Teil enthält Sätze und Redewendungen zu konkreten alltäglichen Kommunikationssituationen. Der vierte und fünfte Teil schließlich bieten das alltagsbezogene Vokabular und eine Kurzgrammatik, die beide Sprachen, Ukrainisch und Russisch, vergleichend vorstellt. Alle mehrsilbigen Wörter sind mit Betonungszeichen versehen, für die Wiedergabe der Aussprache der allgemeinen Redewendungen wird die deutsche Umschrift benutzt.

Der Verlag fühlt mit den Menschen in der Ukraine, denen dieser Krieg aufgezwungen wurde, und hofft auf ein baldiges Ende der Gewalt.

Wiesbaden, im April 2022　　　　　　　　　　　　　　　　Dr. Barbara Krauß

Vorwort

Die Ukraine entwickelt sich zunehmend zu einem Land mit europäischen Werten und Standards. Damit einhergehend wächst spürbar das Interesse an einem auf die Lebensverhältnisse in der Ukraine zugeschnittenen Sprachführer. Zahleiche Touristen, Geschäftsleute, Vertreter humanitärer Hilfsorganisationen, Künstler, Schüler und Studenten aus der ganzen Welt reisen in die Ukraine, machen sich mit der Geschichte und den Traditionen des Landes vertraut.

Gleichzeitig verfolgen sie die spannende Entwicklung der Ukraine zu einem Land mit europäischer Prägung in Wirtschaft, Handel und Kultur. Sie treffen Menschen in den verschiedenen Landesteilen und stellen immer wieder fest, dass in der Ost- und Südukraine viel russisch gesprochen wird, während in den westlichen Regionen Ukrainisch vorherrscht. Entscheidend ist, dass sich die Besucher in allen lebenswichtigen und alltäglichen Situationen, auch ohne spezielle Vorkenntnisse in Ukrainisch oder in Russisch, zurechtfinden. Dies ist mit dem vorliegenden dreisprachigen Sprachführer für jedermann leicht zu verwirklichen.

Auch Slawistik-Studierenden bietet sich eine hervorragende Möglichkeit, verschiedene phonetische, lexikalische und grammatikalische Aspekte der beiden ostslawischen Sprachen zu vergleichen, ihre Gemeinsamkeiten und Unterschiede zu analysieren.

Der Sprachführer besteht aus fünf Teilen. Im ersten Teil werden das ukrainische und das russische Alphabet vorgestellt, die phonetischen und orthographischen Besonderheiten der beiden Sprachen verdeutlicht. Der zweite Teil befasst sich mit den allgemeinen Redewendungen, Anrede- und Grußformeln, Phrasen und Floskeln, die bei Begegnung, Vorstellung, Entschuldigung, Abschied etc. gebraucht werden. Der dritte Teil enthält Sätze und Redewendungen, die konkrete Kommunikationssituationen wie „Reise", „Pass- und Zollkontrolle", „Hotel", „Restaurant", „Orientierung", „Geschäftskontakte" usw. widerspiegeln. Im vierten und fünften Teil werden das allgemeine, alltagsbezogene Vokabular und eine Kurzgrammatik der beiden Sprachen im Vergleich vorgestellt.

Alle mehrsilbigen Wörter sind mit Betonungszeichen versehen, für die Wiedergabe der Aussprache der allgemeinen Redewendungen wird die deutsche Umschrift benutzt.

Als Ergänzung zum Sprachführer und als Vorbereitung auf eine bevorstehende Reise empfehle ich meine Websites mit zusätzlichen aktuellen Informationen und interessanten Links – „www.ukrainisch.info" / „www.russisch.ws".

Bergheim, im Februar 2008   Ludmila Schubert

Das ukrainische und das russische Alphabet

Ukrainisch	Russisch	Aussprache	Ukrainisch	Russisch	Aussprache
А а	А а	a (Mark)	О о	О о	o (Kost)
Б б	Б б	b (Bank)	П п	П п	p (Plan)
В в	В в	w (Watt)	Р р	Р р	r (Tirol)
Г г		h (Haus)	С с	С с	s, ss (dass)
Ґ ґ	Г г	g (Gast)	Т т	Т т	t (Mast)
Д д	Д д	d (Dank)	У у	У у	u (Guss)
Е е		e (Bett)	Ф ф	Ф ф	f (Fach)
Є є	Е е	je (jeder)	Х х	Х х	ch (Macht)
	Ё ё	jo (Jod)	Ц ц	Ц ц	ts, c (CD)
Ж ж	Ж ж	sh, g (Etage)	Ч ч	Ч ч	tsch
З з	З з	z, s (Sonne)	Ш ш	Ш ш	sch
И		y, i (Tisch)	Щ щ	Щ щ	schtsch
І і	И и	i (Iris)		ъ	-
Ї ї		ji (Kyjiw)		ы	y, i (Tisch)
Й й	Й й	j (Jahr)	ь	ь	-
К к	К к	k (Bank)		Э э	e (Bett)
Л л	Л л	l (lamp)	Ю ю	Ю ю	ju (Junge)
М м	М м	m (Mark)	Я я	Я я	ja (Jacht)
Н н	Н н	n (Nacht)			

Hinweise zur Orthographie und Phonetik

Das ukrainische und das russische Alphabet basieren auf dem kyrillischen und bestehen aus je 33 Buchstaben, deren Form und Aussprache zum größten Teil identisch sind.

Der Unterschied besteht in der Schreibweise einiger Buchstaben, die dieselben oder ähnliche Laute bezeichnen:

Ukrainisch	Aussprache	Russisch
Г г	g	Г г
Е е	e	Э э
Є є	je	Е е
І і	i	И и
и	y	ы

Darüber hinaus kommen in jedem Alphabet Buchstaben und Laute vor, die nur für eine der beiden Sprachen charakteristisch sind:

Ukrainisch	Aussprache	Russisch
Ґ ґ	h	-
Ї ї	ji	-
-	jo	Ё ё
-	-	ъ

Das Weichheitszeichen (ь) hat keinen Lautwert. Es bezeichnet in den beiden Sprachen die Weichheit des vorangehenden Konsonanten.

Zur Bezeichnung der Härte des Konsonanten gibt es unterschiedliche Zeichen: den Apostroph (') im Ukrainischen und das Härtezeichen (ъ) im Russischen. Der Apostroph gehört aber nicht zum Alphabet.

ALLGEMEINE REDEWENDUNGEN

Anrede

Deutsch	Ukrainisch	Russisch
Anrede	**Звертáння**	**Обращéние**
Herr ...	Пáне ... (pánе ...)	Господи́н ... (gas/padín ...)
Frau ...	Пáні ... (páni ...)	Госпожá ... (gas/pashá ...)
Meine Damen und Herren!	Пані́ та панóве! (paní ta panówe!)	Дáмы и господá! (dámy i gas/padá!)
Sehr geehrte Kollegen!	Шанóвні колéги! (schanówni koléhy!)	Уважáемые коллéги! (uwashájemyje kaljégi!)
Euere Excellenz!	Вáша Високоповáжносте! (wáscha wysokopowáshnos/te!)	Вáше Превосходи́тельство! (wásche prjewas/chadítjels/twa!)
Liebe Freunde!	Дорогí друзі! (dorohí drúzi!)	Дороги́е друзья́! (daragíje druzjá!)
Lieber Viktor!	Дороги́й Ві́кторе! (dorohýj wíktore!)	Дорогóй Ви́ктор! (daragój wíktar!)
Liebe Oksana!	Дорогá Оксáно! (dorohá oksáno!)	Дорогáя Оксáна! (daragája aksána!)
Liebster Wolodja!	Лю́бий Волóдю! (ljúbyj wolódju!)	Ми́лый Волóдя! (mílyj walódja!)
Liebste Galja!	Лю́ба Гáлю! (ljúba hálju!)	Ми́лая Гáля! (mílaja gálja!)
Pater! Vater! (kirch.)	Óтче! (ót/tsche!)	Óтче! (ót/tschje!)
Junge!	Хлóпчику! (chlóptschyku!)	Мáльчик! (máltschik!)
Mädchen!	Ді́вчинко! (díwtschynko!)	Дéвочка! (djéwatschka!)
Kinder!	Ді́ти! (díty!)	Дéти! (djéti!)
He! Hallo!	Гей! (hej!)	Эй! (ej!)
Ja? Ja, bitte.	Так? (tak?)	Да? (da?)
Wie bitte?	Прóшу? (próschu?)	Пожáлуйста? (pashálus/ta?)
Ich höre Sie.	Слýхаю Вас. (slúchaju was)	Слýшаю Вас. (slúschaju was)
Meinen Sie mich?	Ви менé питáєте? (wy mené pytájete?)	Вы меня́ спрáшиваете? (wy mjenjá s/práschywajetje?)

Deutsch	Ukrainisch	Russisch
Begrüßung	**Вітáння**	**Привéтствие**
Guten Tag!	Дóбрий день! (dóbryj den´!)	Здрáвствуйте! (zdrás/twujtje!)
Guten Morgen!	Дóброго рáнку! (dóbroho ránku!)	Дóброе ýтро! (dóbraje útra!)
Guten Abend!	Дóбрий вéчір! (dóbryj wétschir!)	Дóбрый вéчер! (dóbryj wjétscher!)
Herzlich willkommen!	Ласкáво прóсимо! (laskáwo prósymo!)	Добрó пожáловать! (dábro pasháławat´!)
Hallo! Grüß dich!	Привíт! (prywít!)	Привéт! (priwjét!)
Ich grüße Sie!	Вітáю Вас! (witáju was!)	Привéтствую Вас! (priwjéts/twuju was!)
Gruß aus …	Привíт з … (prywít z …)	Привéт из … (priwjét iz …)
– Deutschland!	– Німéччини! (nimétschyny!)	– Гермáнии! (germánii!)
– Österreich!	– Áвстрії! (áws/triji!)	– Áвстрии! (áws/trii!)
– der Schweiz!	– Швейцáрії! (schwejtsáriji!)	– Швейцáрии! (schwejtsárii!)
– der Ukraine!	– Украïни! (ukrajíny!)	– Украины! (ukraíny!)
– Russland!	– Росíï! (rosíji!)	– Россúи! (rasíi!)
Viele Grüße von …	Велúкий привíт від … (welýkyj prywít wid …)	Большóй привéт от … (balschój priwjét at …)
Es grüßt Sie (dich) herzlich …	З привíтом … (z prywítom …)	С привéтом … (s priwjétam …)

Deutsch	Ukrainisch	Russisch
Begegnung	**Зýстріч**	**Встрéча**
Es freut mich, Sie zu sehen!	Рáдий (рáда) Вас бáчити! (rádyj /ráda/ was báschyty!)	Рад (рáда) Вас вúдеть! (rad /ráda/ was widjet´!)
Wie geht es Ihnen?	Як Вáші спрáви? (jak wáschi s/práwy?)	Как Вáши делá? (kak wáschy djelá?)

Begegnung

Deutsch	Ukrainisch	Russisch
Danke, ...	Дя́кую, ... (djákuju, ...)	Спаси́бо, ... (s/pasíba, ...)
– gut.	– до́бре. (dóbre)	– хорошо́. (charaschó)
– nicht schlecht.	– до́сить непога́но. (dósyt´ nepoháno)	– дово́льно непло́хо. (dawólna njeplócha)
Es geht so.	Так собі́, нічо́го. (tak sobí, nitschóho)	Так себе́, ничего́. (tak sjebjé, nitschjewó)
Schlecht.	Пога́но. (poháno)	Пло́хо. (plócha)
Schlimmer kann es nicht kommen.	Гі́рше бу́ти не мо́же. (hírsche búty ne móshe)	Ху́же быть не мо́жет. (chúshe byt´ nje móshet)
Was gibt es Neues?	Що ново́го? (schtscho nowóho?)	Что но́вого? (schto nówawa?)
Nichts, alles beim Alten.	Нічо́го, усе́ по-старо́му. (nitschóho, usé pos/tarómu)	Ничего́, всё по-ста́рому. (nitschjewó, wsjo pas/táramu)
Was für eine angenehme Überraschung!	Яка́ приє́мна несподі́ванка! (jaká pryjémna nes/podíwanka!)	Како́й прия́тный сюрпри́з! (kakój prijátnyj sjurprís!)
Was machen Sie hier?	Що Ви тут ро́бите? (schtscho wy tut róbyte?)	Что Вы здесь де́лаете? (schto wy zdjes´ djélajetje?)
Wie geht es Ihrer Gattin (Frau)?	Як Ва́ша дружи́на? (jak wáscha drushýna?)	Как пожива́ет Ва́ша супру́га (жена́)? (kak pashywájet wáscha suprúga / shená?)
Wie geht es Ihrem Gatten (Mann)?	Як Ваш чоловік? (jak wasch tscholowík?)	Как пожива́ет Ваш супру́г (муж)? (kak pashywájet wasch suprúg / musch?)
Wie geht es Ihnen gesundheitlich?	Як Ва́ше здоро́в'я? (jak wásche zdorówja?)	Как Ва́ше здоро́вье? (kak wásche zdárowje?)
Was macht die Arbeit?	Як робо́та? (jak robóta?)	Как рабо́та? (kak rabóta?)
Was macht das Studium?	Як навча́ння? (jak nawtschánnja?)	Как учёба? (kak utschjóba?)

Bekanntschaft

Deutsch	Ukrainisch	Russisch
Wir müssen uns unbedingt treffen.	Нам конче треба зустрітися. (nam kontsche treba zus/tritysja)	Нам надо обязательно встретиться. (nam nada abjazatjelna ws/trjetitsa)
Wann und wo treffen wir uns?	Де і коли ми зустрінемось? (de i koly my zus/trinemos´?)	Где и когда мы встретимся? (gdje i kagda my ws/trjetimsja?)
Treffen wir uns ...	Зустрінемось ... (zus/trinemos´...)	Встретимся ... (ws/trjetimsja ...)
– morgen.	– завтра. (zawtra)	– завтра. (zawtra)
– in einer Stunde.	– за годину. (za hodynu)	– через час. (tschjeres tschas)
– bei mir / bei uns.	– у мене / у нас. (u mene / u nas)	– у меня / у нас. (u mjenja / u nas)
– bei dir / bei Ihnen.	– у тебе / у Вас. (u tebe / u was)	– у тебя / у Вас. (u tjebja / u was)
– im Café.	– у кафе. (u kafe)	– в кафе. (w kafe)
– im Hotel.	– у готелі. (u hoteli)	– в гостинице. (w gas/tinitse)

Bekanntschaft — Знайомство — Знакомство

Gestatten Sie, dass ich mich vorstelle.	Дозвольте відрекомендуватися. (dozwolte widrekomenduwatysja)	Разрешите представиться. (razrjeschytje prjedstawitsa)
Ich heiße ...	Мене звуть ... (mene zwut´ ...)	Меня зовут ... (mjenja zawut ...)
Mein Vorname ist ...	Моє ім'я ... (moje imja ...)	Моё имя ... (majo imja ...)
Mein Nachname ist ...	Моє прізвище ... (moje prizwyschtsche ...)	Моя фамилия ... (maja familija ...)
Ich bin ... Jahre alt.	Мені ... років. (meni ... rokiw)	Мне ... лет. (mnje ... let)

Bekanntschaft

Deutsch	Ukrainisch	Russisch
Ich bin ...	Я ... (ja ...)	Я ... (ja ...)
– verheiratet.	– одру́жений. (odrúshenyj) одру́жена. (odrúshena)	– жена́т. (shenát) за́мужем. (zámushem)
– nicht verheiratet.	– неодру́жений. (ne/odrúshenyj) неодру́жена. (ne/odrúshena)	– не жена́т. (nje shenát) не за́мужем. (nje zámushem)
Ich habe Kinder.	Я ма́ю діте́й. (ja máju ditéj)	У меня́ есть де́ти. (u mjenjá jest' djéti)
Ich habe keine Kinder.	Я не ма́ю діте́й. (ja ne máju ditéj)	У меня́ нет дете́й. (u mjenjá njet djetjéj)
Ich bin Geschäftsmann (-frau).	Я бізнесме́н. (ja biznesmén)	Я бизнесме́н. (ja biznesmjén)
Ich arbeite in ...	Я працю́ю в ... (ja pratsjúju w ...)	Я рабо́таю в ... (ja rabótaju w ...)
Ich bin ...	Я ... (ja ...)	Я ... (ja ...)
– Student.	– студе́нт. (s/tudént)	– студе́нт. (s/tudjént)
– Studentin.	– студе́нтка. (s/tudéntka)	– студе́нтка. (s/tudjéntka)
Ich studiere (lerne) in (an) ...	Я навча́юсь у ... (ja nawtschájus' u ...)	Я учу́сь в ... (ja utschjus' w ...)
Ich komme aus ...	Я з ... (ja z ...)	Я из ... (ja iz ...)
– Deutschland.	– Німе́ччини. (nimétschyny)	– Герма́нии. (germánii)
– Berlin.	– Берлі́на. (berlína)	– Берли́на. (berlína)
– Österreich.	– А́встрії. (áwstriji)	– А́встрии. (áwstrii)
– Wien.	– Ві́дня. (wídnja)	– Ве́ны. (wjény)
– der Schweiz.	– Швейца́рії. (schwejtsáriji)	– Швейца́рии. (schwjejtsárii)
– Bern.	– Бе́рна. (bérna)	– Бе́рна. (bérna)
– der Ukraine.	– Украї́ни. (ukrajíny)	– Украи́ны. (ukraíny)

Bekanntschaft

Deutsch	Ukrainisch	Russisch
– Kyiw.	– Києва. (kyjewa)	– Киева. (kijewa)
– Russland.	– Росії. (rosiji)	– России. (rasii)
– Moskau.	– Москви. (moskwy)	– Москвы. (maskwy)
Ich bin …	Я … (ja …)	Я … (ja …)
– Deutscher (Deutsche).	– німець. (nimets') німкеня. (nimkenja)	– немец. (njemjets) немка. (njemka)
– Österreicher(in).	– австрієць. (aws/trijets') австрійка. (aws/trijka)	– австриец. (aws/trijets) австрийка. (aws/trijka)
– Schweizer(in).	– швейцарець. (schwejtsarets') швейцарка. (schwejtsarka)	– швейцарец. (schwjejtsarjets) швейцарка. (schwjejtsarka)
– Ukrainer(in).	– українець. (ukrajinets') українка. (ukrajinka)	– украинец. (ukrainjets) украинка). (ukrainka)
– Russe (Russin).	– росіянин. (rosijanyn) росіянка. (rosijanka)	– русский. (ruskij) русская). (ruskaja)
Ich bin zum ersten Mal hier.	Я тут уперше. (ja tut upersche)	Я здесь впервые. (ja zdjes' wpjerwyje)
Ich bin …	Я приїхав (приїхала) … (ja pryjichaw / pryjichala …)	Я приехал (приехала) … (ja prijechal / prijechala …)
– als Tourist	– як турист. (jak turyst)	– как турист. (kak turist)
– auf Einladung	– на запрошення. (na zaproschenja)	– по приглашению. (pa priglascheniju)
– zum Studium	– на навчання. (na nawtschanja)	– на учёбу. (na utschjobu)

Bekanntschaft

Deutsch	Ukrainisch	Russisch
– zum Arbeiten gekommen.	– на роботу. (na robótu)	– на работу. (na rabótu)
Sind Sie Herr / Frau …?	Ви пан …? (wy pan …?) Ви пані …? (wy páni …?)	Вы господин …? (wy gas/padin …?) Вы госпожа …? (wy gas/pashá …?)
Machen Sie sich bekannt!	Знайомтесь, будь ласка! (znajómtes´, but´ láska!)	Знакомьтесь, пожалуйста! (znakómtjes´, pashálus/ta!)
Das ist …	Це … (tse …)	Это … (éta …)
– mein Kollege (meine Kollegin).	– мій колега. (mij koléha) моя колега. (mojá koléha)	– мой коллега. (moj kaljéga) моя коллега. (majá kaljéga)
– mein Ehemann (meine Ehefrau).	– мій чоловік. (mij tscholowík) моя дружина. (mojá drushyna)	– мой муж. (moj musch) моя жена. (majá shená)
Sehr angenehm!	Дуже приємно! (dushe pryjémno!)	Очень приятно! (ótschjen´ prijátna!)
Es freut mich, Sie kennen zu lernen.	Радий (рада) з Вами познайомитися. (rádyj / ráda / z wámy poznajómytysja)	Рад (рада) с вами познакомиться. (rat / ráda / s wámi paznakómitsa)
Wie heißen Sie?	Як Вас звуть? (jak was zwut´?)	Как Вас зовут? (kak was zawút?)
Wie ist Ihr Vorname?	Як Ваше ім'я? (jak wasche imjá?)	Как Ваше имя? (kak wasche ímja?)
Wie ist Ihr Nachname?	Як Ваше прізвище? (jak wasche prízwyschtsche?)	Как Ваша фамилия? (kak wascha famílija?)
Wie alt sind Sie?	Скільки Вам років? (skílky wam rókiw?)	Сколько Вам лет? (skólka wam ljet?)
Was sind Sie von Beruf?	Хто Ви за фахом? (chto wy za fáchom?)	Кто Вы по профессии? (kto wy pa prafjésii?)
Wo kommen Sie her?	Звідкіля Ви? (zwidkiljá wy?)	Вы откуда? (wy atkúda?)

Bitte

Deutsch	Ukrainisch	Russisch
Bitte	**Проха́ння**	**Про́сьба**
Sagen Sie bitte, …	Скажі́ть, будь ла́ска, … (skashít' but' láska)	Скажи́те, пожа́луйста, … (skashýtje pashálus/ta)
Zeigen Sie mir bitte …	Покажі́ть мені́, будь ла́ска, … (pokashít' mení but' láska)	Покажи́те мне, пожа́луйста, … (pakashýtje mnje pashálus/ta)
Geben Sie mir bitte …	Да́йте мені́, будь ла́ска, … (dájte mení but' láska)	Да́йте мне, пожа́луйста, … (dájtje mnje pashálus/ta)
Wiederholen Sie bitte.	Повторі́ть, будь ла́ска. (powtorít' but' láska)	Повтори́те, пожа́луйста. (pawtarítje pashálus/ta)
Sprechen Sie bitte langsamer.	Про́шу говори́ти повільні́ше. (próschu howorýty powílnische)	Говори́те, пожа́луйста, поме́дленнее. (gawarítje pashálus/ta pamjédljenjeje)
Entschuldigung, was haben Sie gesagt?	Ви́бачте, що Ви сказа́ли? (wýbatschte, schtscho wy skazály?)	Извини́те, что Вы сказа́ли? (izwinítje, schto wy skazáli?)
Warten Sie bitte einen Moment.	Зачека́йте хвили́ночку. (zatschekájte chwylýnotschku)	Подожди́те мину́точку. (padashdítje minútatschku)
Helfen Sie mir bitte.	Допоможі́ть мені́, будь ла́ска. (dopomoshít' mení but' láska)	Помоги́те мне, пожа́луйста. (pamagítje mnje pashálus/ta)
Machen Sie bitte …	Про́шу … (próschu …)	Пожа́луйста, … (pashálus/ta …)
– die Tür (das Fenster) auf.	– відчини́ти две́рі (вікно́). (widtschynýty dwéri / wiknó)	– откро́йте дверь (окно́). (atkrójtje dwjer' / aknó)
– die Tür (das Fenster) zu.	– зачини́ти две́рі (вікно́). (zatschynýty dwéri / wiknó)	– закро́йте дверь (окно́). (zakrójtje dwjer' / aknó)

Deutsch	*Ukrainisch*	*Russisch*
Darf ich bitte ...	Дозво́льте ... (dozwólte ...)	Разреши́те ... (razrjeschýtje ...)
– eintreten?	– увійти́. (uwijtý)	– войти́. (wajtí)
– hinausgehen?	– ви́йти. (wýjty)	– вы́йти. (wýjti)
– Sie fragen, ...?	– у Вас запита́ти, ... (u was zapytáty)	– у Вас спроси́ть, ... (u was s/prasít´)
– mal sehen?	– подиви́тися. (podywýtysja)	– посмотре́ть. (pasmatrjét´)
– rauchen?	– закури́ти. (zakurýty)	– закури́ть. (zakurít´)
Rufen Sie mich an.	Подзвоні́ть мені́. (podzwonít´ mení)	Позвони́те мне. (pazwanítje mnje)
Besuchen Sie uns bitte.	Приходьте до нас у го́сті. (prychód´te do nas u hós/ti)	Приходи́те к нам в го́сти. (prichadítje k nam w gós/ti)
Treten Sie bitte ein.	Про́шу заходи́ти. (próschu zachódyty)	Заходи́те, пожа́луйста. (zachadítje pashálus/ta)
Bitte nicht rauchen.	Про́шу не пали́ти. (próschu ne palýty)	Про́сьба не кури́ть. (prós´ba nje kurít´)
Bitte.	Про́шу. (próschu) Будь ла́ска. (but´ láska)	Пожа́луйста. (pashálus/ta)
Sehr gern.	З приє́мністю. (s pryjémnis/tju)	С удово́льствием. (s udawóls/twijem)

Entschuldigung	**Ви́бачення**	**Извине́ние**
Verzeihung!	Проба́чте! (probátschte!)	Прости́те! (pras/títje!)
Entschuldigen Sie bitte.	Ви́бачте, будь ла́ска. (wýbatschte but´ láska)	Извини́те, пожа́луйста. (izwinítje pashálus/ta)
Ich bitte um Entschuldigung.	Про́шу проба́чення. (próschu probátschenja.	Прошу́ проще́ния. (praschú praschtschjénija)
Entschuldigen Sie die Störung.	Ви́бачте, що турбу́ю Вас. (wýbatschte schtscho turbúju was)	Извини́те за беспоко́йство. (izwinítje za bjes/pakójstwa)

Deutsch	Ukrainisch	Russisch
Entschuldigen Sie die Verspätung.	Даруйте за запізнення. (darujte za zapiznennja)	Извините за опоздание. (izwinitje za apazdanije)
Entschuldigung, ich habe viel zu tun.	Вибачте, я зайнятий (зайнята). (wybatschte, ja zajnjatyj / zajnjata)	Извините, я занят (занята). (izwinitje, ja zanjat / zanjata)
Es ist mir sehr unangenehm.	Мені дуже прикро. (meni dushe prykro)	Мне очень неприятно. (mnje otschjen' njeprijatna)
Es tut mir leid.	Дуже жалкую. (dushe shalkuju)	Очень сожалею. (otschjen' sashaljeju)
Es ist nichts passiert.	Нічого страшного. (nitschoho s/traschnoho)	Ничего страшного. (nitschjewo s/traschnawa)
Macht nichts. Alles in Ordnung.	Нічого. (nitschoho) Усе гаразд. (use harazd)	Ничего. (nitschjewo) Всё в порядке. (wsjo w parjadkje)
Ach, lassen Sie das!	Ну що Ви! (nu schtscho wy!)	Ну что Вы! (nu schto wy!)
Was fällt Ihnen ein!	Як Ви смієте! (jak wy smijete!)	Как Вы смеете! (kak wy smjejetje!)

Gratulation / Поздоровлення / Поздравление

Deutsch	Ukrainisch	Russisch
Ich gratuliere Ihnen zum ...	Поздоровляю Вас ... (pozdorowljaju was ...) Вітаю Вас ... (witaju was ...)	Поздравляю Вас ... (pazdrawljaju was ...)
– Feiertag.	– зі святом. (zi swjatom)	– с праздником. (s praznikam)
– Geburtstag.	– з днем народження. (z dnem narodshenja)	– с днём рождения. (s dnjom rashdjenija)
Frohes Fest!	Зі святом Вас! (zi swjatom was!)	С праздником! (s praznikam!)
Fröhliche Festtage!	Веселих свят! (weselych swjat!)	Счастливых праздничных дней! (schtschasliwych praznitschnych dnjej!)

Deutsch	Ukrainisch	Russisch
Frohes neues Jahr!	З Новим роком! (z nowym rokom!)	С Новым годом! (s nowym godam!)
Viel Glück im neuen Jahr!	Хай щастить Вам у новому році! (chaj schtschastyt´ wam u nowomu rotsi!)	Удачи Вам в новом году! (udatschi wam w nowam gadu!)
Frohe Weihnachten!	Вітаю Вас з Різдвом! (witaju was z rizdwom!)	С Рождеством Вас! (s rashdjes/twom was!)
Frohe Weihnachtsfeiertage!	Веселих Різдвяних свят! (weselych rizdwjanych swjat!)	Счастливого Рождества! (schtschasliwawa rashdjes/twa!)
Frohe Ostern!	Вітаю Вас зі святом Пасхи! (witaju was zi swjatom pas/chy!)	Поздравляю Вас с праздником Пасхи! (pazdrawljaju was s praznikam pas/chi!)
Frohe Osterfeiertage!	Веселих Великодніх свят! (weselych welykodnich swjat!)	Счастливой Пасхи! (schtschasliwaj pas/chi!)

Wünsche / Побажання / Пожелания

Deutsch	Ukrainisch	Russisch
Ich wünsche Ihnen alles Gute.	Бажаю Вам усього доброго. (bashaju wam usjoho dobroho)	Желаю Вам всего хорошего. (shelaju wam wsjewo charoschewa)
Ich wünsche Ihnen Glück, Gesundheit und Erfolg.	Бажаю Вам щастя, здоров'я, успіхів. (bashaju wam schtschas/tja, zdorowja, us/pichiw)	Желаю Вам счастья, здоровья, успехов. (shelaju wam schtschas/tja, zdarowja, us/pjechaw)
Viel Erfolg!	Хай щастить! (chaj schtschas/tyt´!)	Желаю удачи! (shelaju udatschi!)
Viel Spaß!	Бажаю гарно провести час! (bashaju harno prowes/ty tschas!)	Желаю хорошо провести время! (shelaju charascho prawjes/ti wrjemja!)

Trinksprüche

Deutsch	Ukrainisch	Russisch
Guten Appetit!	Смачно́го! (smatschnóho!)	Прия́тного аппети́та! (prijátnawa apjetíta!)
Danke, gleichfalls!	Дя́кую, взає́мно! (djákuju, wzajémno!)	Спаси́бо, взаи́мно! (s/pasíba, wzaímna!)
Ich wünsche Ihnen (dir) gute Erholung!	Бажа́ю га́рно відпочи́ти! (bashája hárno widpotschýty!)	Жела́ю хорошо́ отдохну́ть! (shelaju charaschó atdachnut'!)
Nehmen Sie meine besten Wünsche entgegen.	Прийміть мої́ найкра́щі побажа́ння. (pryjmít' mojí najkráschtschi pobashánja)	Прими́те мои́ наилу́чшие пожела́ния. (primítje maí nailútschyje pashelánija)
Ich danke Ihnen für die Glückwünsche.	Дя́кую Вам за поздоро́влення. (djákuju wam za pozdoró́wlenja)	Благодарю́ за поздравле́ние. (blagadarjú za pazdrawljénije)
Das ist sehr liebenswürdig von Ihnen.	Ду́же люб'я́зно з Ва́шого бо́ку. (dúshe ljúbjazno z wáschoho bóku)	О́чень любе́зно с Ва́шей стороны́. (ótschjen' ljubjézna s wáschej s/taraný)

Trinksprüche — То́сти — То́сты

Ich möchte einen Toast auf ...	Пропону́ю тост за ... (proponúju tos/t za ...)	Предлага́ю тост за ... (prjedlagáju tos/t za ...)
– unsere lieben Gäste	– на́ших дороги́х госте́й! (náschych dorohých hos/tej!)	– на́ших дороги́х госте́й! (náschych daragích gas/tjej!)
– unsere lieben Freunde	– на́ших дороги́х дру́зів! (náschych dorohých druziw!)	– на́ших дороги́х друзе́й! (náschych daragích druzjej!)
– das Geburtstagskind ausbringen.	– імени́нника! (imenýnnyka!) імени́нницю! (imenýnnycju!)	– имени́нника! (imjeninnika!) имени́нницу! (imjenínnitsu!)

Deutsch	Ukrainisch	Russisch
Trinken wir auf …	Вип'ємо за … (wýpjemo za …)	Выпьем за … (wýpjem za …)
– den Gastgeber!	– господаря! (hos/pódarja!)	– хозяина! (chazjáina!)
– die Gastgeberin!	– господиню! (hos/podýnju!)	– хозяйку! (chazjájku!)
Auf …	За … (za …)	За … (za …)
– Ihr Wohl!	– Ваше здоров'я! (wásche zdorówja!)	– Ваше здоровье! (wásche zdárowje!)
– unser Treffen!	– нашу зустріч! (náschu zús/tritsch!)	– нашу встречу! (náschu ws/trjétschu!)
– unsere Freundschaft!	– нашу дружбу! (náschu drúshbu!)	– нашу дружбу! (náschu drúshbu!)
– die weiteren Erfolge!	– подальші успіхи! (podálschi ús/pichy!)	– дальнейшие успехи! (dalnjéjschyje us/pjéchi!)
– die Frauen!	– жінок! (shinók!)	– женщин! (shénschtschin!)
– die Männer!	– чоловіків! (tscholowikíw!)	– мужчин! (muschtschín!)
– Sie!	– Вас! (was!)	– Вас! (was!)
– dich!	– тебе! (tébe!)	– тебя! (tjebjá!)
– uns alle!	– нас усіх! (nas usích!)	– нас всех! (nas wsjech!)
Zum Wohl! Prost!	На здоров'я! (na zdorówja!)	На здоровье! (na zdárowje!)

Dank

	Подяка	Благодарность
Danke!	Дякую! (djákuju!)	Спасибо! (s/pasíba!)
Ich danke Ihnen.	Дякую Вам. (djákuju wam)	Благодарю Вас. (blagadarjú was)
Vielen Dank!	Щиро дякую! (schtschýro djákuju!)	Большое спасибо! (balschóje s/pasíba!)
Danke, Sie sind sehr liebenswürdig.	Дякую, Ви дуже люб'язні. (djákuju, wy dúshe ljúbjazni)	Благодарю, Вы очень любезны. (blagadarjú, wy ótschjen´ ljubjézny)

Bejahung / Bestätigung

Deutsch	Ukrainisch	Russisch
Nichts zu danken.	Нема́ за́ що. (nemá zá schtscho)	Не́ за что. (njé za schta)
Bitte, keine Ursache.	Будь ла́ска, нічо́го. (but́ láska, nitschóho)	Не сто́ит благодари́ть. (nje s/tóit blagadarít́)
Ich bitte Sie!	Що́ Ви! (schtschó wy!)	Ну, что́ Вы! (nu schtó wy!)
Bitte!	Про́шу! (próschu!)	Пожа́луйста! (pashálus/ta!)

Bejahung, Bestätigung / Зго́да, підтве́рдження / Согла́сие, подтвержде́ние

Deutsch	Ukrainisch	Russisch
Ja!	Так. (tak) Авже́ж. (awshésch)	Да. (da)
Natürlich.	Звича́йно. (zwytschájno)	Коне́чно. (kanjéschna)
Gut.	До́бре. (dóbre) Гара́зд. (harázd)	Хорошо́. (charaschó)
Genau.	Са́ме так. (sáme tak)	И́менно так. (ímjenna tak)
Und ob!	Ще б па́к! (schtsche b pák!)	Ещё бы! (jeschtschjó by!)
Ich glaube, ja.	Гада́ю, що так. (hadáju, schtscho ták)	Ду́маю, что да. (dúmaju, schto dá)
Einverstanden.	Зго́ден (згі́дна). (z/hóden / z/hídna)	Согла́сен (согла́сна). (saglásjen / saglásna)
Abgemacht!	Зго́да! (z/hóda!)	Договори́лись! (dagawarílis´!)
Auf jeden Fall!	В уся́кому ра́зі! (w usjákomu rázi!)	В любо́м слу́чае! (w ljubóm slútschaje!)
Sie haben Recht.	Ви ма́єте ра́цію. (wy májete rátsiju)	Вы пра́вы. (wy práwy)
Wunderbar!	Чудо́во! (tschudówo!)	Прекра́сно! (prjekrásna!)
Unbedingt.	Обов'язко́во. (obowjazkówo)	Обяза́тельно. (abjazátjelna)
Sicher!	Пе́вна річ! (péwna ritsch!)	Наве́рное! (nawjérnaje!)

Verneinung / Ablehnung

Deutsch	Ukrainisch	Russisch
Gewiss!	Очеви́дно! (otschewýdno!)	Очеви́дно! (atschjewídna!)
Sehr gern.	З приє́мністю. (z pryjémnis/tju)	С ра́достью. (s rádas/tju)
Mit Vergnügen.	З задово́ленням. (z zadowólennjam)	С удово́льствием. (s udawóls/twijem)
Wie Sie wünschen!	Як Ви бажа́єте! (jak wy bashájete!)	Как Вы хоти́те! (kak wy chatítje!)

Verneinung, Ablehnung / Запере́чення, відмо́ва / Отрица́ние, отка́з

Deutsch	Ukrainisch	Russisch
Nein.	Ні. (ni)	Нет. (njet)
Nein, danke.	Ні, дя́кую. (ni, djákuju)	Нет, спаси́бо. (njet, s/pasíba)
Natürlich nicht.	Звича́йно, ні. (zwytschájno, ni)	Коне́чно, нет. (kanjéschna njet)
Gar nicht.	Зо́всім ні. (zówsim ni)	Во́все нет. (wówsje njet)
Wohl kaum.	Навря́д. (nawrját)	Вряд ли. (wrjat li)
Auf keinen Fall!	Аж нія́к! (ash niják!) Ні за́ що! (ni zá schtscho!)	Ни в ко́ем слу́чае! (ni w kójem slútschaje!) Ни за что́! (ni za schtó!)
Das ist nicht möglich.	Це неможли́во. (tse nemoshlýwo)	Это невозмо́жно. (eta njewazmóshna)
Das ist ausgeschlossen.	Це ви́ключено. (tse wýkljutscheno)	Это исключено́. (eta iskljutschjenó)
Im Gegenteil!	Навпаки́! (nawpaký!)	Наоборо́т! (na/abarót!)
Sie irren sich.	Ви помиля́єтесь. (wy pomyljájetes´)	Вы ошиба́етесь. (wy oschybájetjes´)
Es ist schwer zu sagen.	Ва́жко сказа́ти. (wáshko skazáty)	Тру́дно сказа́ть. (trudna skazát´)
Davon kann nicht die Rede sein.	Про це не мо́же бу́ти й мо́ви. (pro tse ne móshe búty j mówy)	Об э́том не мо́жет быть и ре́чи. (ab etam nje móshet byt´ i rjétschi)

Deutsch	Ukrainisch	Russisch
Mir reicht es!	З мене досить! (z mene dosyt´!)	С меня хватит! (s mjenjá chwátit!)
Niemals!	Ніколи! (nikóly!)	Никогда! (nikagdá!)

Abschied / Прощання / Прощание

Deutsch	Ukrainisch	Russisch
Auf Wiedersehen!	До побачення! (do pobátschennja!)	До свидания! (da swidánija!)
Bis morgen!	До завтра! (do záwtra!)	До завтра! (da záwtra!)
Bis dann! Bis bald!	До зустрічі! (do zús/tritschi!)	До скорой встречи! (da skóraj ws/trjétschi!)
Tschüss!	Бувайте! (buwájte!) Бувай! (buwáj!)	Пока! (paká!) Всего! (wsjewó!)
Machs gut!	Бувай здоров (здорова)! (buwáj zdorów / zdorówa!)	Будь здоров (здорова)! (but´ zdarów / zdarówa!)
Viel Glück!	Щасливо! (schtschaslýwo!)	Счастливо! (schtschaslíwa!)
Viel Vergnügen!	Веселої забави! (weséloji zabáwy!)	Желаю хорошо повеселиться! (sheláju charaschó pawjesjelítsa!)
Alles Gute!	На все добре! (na wse dóbre!)	Всего хорошего! (wsjewó charóschewa!)
Gutes Gelingen!	Хай щастить! (chaj schtschas/týt´!)	Желаю успеха! (sheláju us/pjécha!)
Leben Sie (leb) wohl!	Прощавайте (прощавай)! (proschtschawájte / proschtschawáj!)	Прощайте (прощай)! (praschtschjájtje / praschtschjáj!)
Gute Reise!	Щасливої дороги! (schtschaslýwoji doróhy!)	Счастливого пути! (schtschaslíwawa putí!)
Gute Nacht!	На добраніч! (na dobránitsch!)	Спокойной ночи! (spakójnaj nótschi!)

Abschied

Deutsch	Ukrainisch	Russisch
Hals- und Beinbruch!	Ні пу́ху, ні пера́! (ni púchu, ni perá!)	Ни пу́ха, ни пера́! (ni púcha, ni pjerá!)
Bleiben Sie gesund!	Бува́йте здоро́ві! (buwájte zdorówi!)	Бу́дьте здоро́вы! (bút/tje zdarówy!)
Rufen Sie (ruf) mich an!	Дзвоні́ть (дзвони́)! (dzwonít'! / dzwoný!)	Звони́те (звони́)! (zwanítje / zwaní!)
Schreiben Sie (schreib) mal wieder!	Пиші́ть (пиши́)! (pyschít'! / pyschý!)	Пиши́те (пиши́)! (pischýtje! / pischý!)
Wir sehen uns noch!	Ми ще поба́чимось! (my schtsche pobátschymos'!)	Мы ещё уви́димся! (my jeschtschjó uwídimsja!)

SITUATIONEN

Deutsch	Ukrainisch	Russisch
Visum	**Ві́за**	**Ви́за**
Wo befindet sich …	Де знахо́диться …	Где нахо́дится …
– die Botschaft von …?	– посо́льство …?	– посо́льство …?
– das Generalkonsulat von …?	– генера́льне ко́нсульство …?	– генера́льное ко́нсульство …?
– die Konsularabteilung?	– ко́нсульський ві́дділ?	– ко́нсульський отде́л?
Ich möchte ein Visum …	Я хо́чу …	Я хо́чу …
– beantragen.	– офо́рмити	– офо́рмить
– erhalten.	– оде́ржати	– получи́ть
– verlängern lassen.	– подо́вжити ві́зу.	– продли́ть ви́зу.
Ich brauche ein …	Мені́ потрі́бна …	Мне нужна́ …
– Einreise-	– в'їзна́	– въездна́я
– Ausreise-	– виїзна́	– выездна́я
– Transit-	– транзи́тна	– транзи́тная
– einfaches	– однора́зова	– однора́зовая
– mehrfaches	– багатора́зова	– многора́зовая
– Touristen-	– туристи́чна	– туристи́ческая
– Geschäfts-	– ділова́	– делова́я
– Wissenschafts-	– науко́ва	– нау́чная
– Journalisten-	– журналі́стська	– журнали́стская
– Privatreise-	– прива́тна	– ча́стная
– Studenten-	– студе́нтська	– студе́нческая
Visum für …	ві́за на …	ви́за на …
– einen Monat.	– оди́н мі́сяць.	– оди́н ме́сяц.
– ein halbes Jahr.	– півро́ку.	– полго́да.
– ein Jahr.	– оди́н рік.	– оди́н год.
Wir brauchen ein Visum …	Нам потрі́бна ві́за …	Нам нужна́ ви́за …
– für Vertreter der humanitären Organisationen.	– для представникі́в гуманіта́рних організа́цій.	– для представи́телей гуманита́рных организа́ций.
– für Vertreter der religiösen Missionen.	– для представникі́в релігі́йних мі́сій.	– для представи́телей религио́зных ми́ссий.
– für Kulturaustausch.	– для культу́рного о́бміну.	– для культу́рного обме́на.

Visum

Deutsch	Ukrainisch	Russisch
– für Sportaustausch.	– для спортивного обміну.	– для спортивного обмена.
– für Jugendaustausch.	– для молодіжного обміну.	– для молодёжного обмена.
– für Erwerbstätigkeit.	– для заняття трудовою діяльністю.	– для занятия трудовой деятельностью.
Welche Unterlagen sind vorzulegen?	Які документи треба подати?	Какие документы нужно предъявить?
Brauche ich …	Чи потрібно мати …	Нужно ли иметь …
– einen Personalausweis?	– внутрішній паспорт?	– внутренний паспорт?
– eine Einladung?	– запрошення?	– приглашение?
– eine Aufenthaltsgenehmigung?	– дозвіл на перебування?	– разрешение на пребывание?
– eine Krankenversicherung?	– медичну страховку?	– медицинскую страховку?
– eine Arbeitserlaubnis?	– дозвіл на заняття трудовою діяльністю?	– разрешение на занятие трудовой деятельностью?
Sie müssen …	Вам потрібно подати …	Вам нужно предъявить …
– einen gültigen Reisepass	– дійсний закордонний паспорт.	– действительный заграничный паспорт.
– einen Kinderausweis	– дитячий паспорт.	– детский паспорт.
– ein ausgefülltes Visumsformular	– заповнений бланк заяви на видачу візи.	– заполненный бланк заявления на выдачу визы.
– eine Einladung	– запрошення.	– приглашение.
– eine Fahr- oder Flugkarte	– квиток на поїзд або на літак.	– билет на поезд или на самолёт.
– Bestätigung einer Reiseagentur	– підтвердження туристичної агенції.	– подтверждение туристического бюро.
– ein Passbild, Größe … vorlegen.	– фотографію для паспорта розміром …	– фотографию для паспорта размером …

Deutsch	Ukrainisch	Russisch
Die EU-Bürger brauchen … – keine Einladung. – kein Visum. Darf man die Unterlagen per Post schicken? Wie lange dauert die Ausstellung eines Visums? Was kostet ein Visum? Die Konsulargebühr für ein Visum beträgt … Euro.	Громадя́ни ЄС не потребу́ють … – запро́шення. – ві́зи. Чи мо́жна відпра́вити докуме́нти по́штою? Як до́вго трива́є офо́рмлення ві́зи? Скі́льки кошту́є ві́за? Ко́нсульський збір за вида́чу ві́зи склада́є … є́вро.	Гра́жданам ЕС не … – ну́жно приглаше́ние. – нужна́ ви́за. Мо́жно ли отпра́вить докуме́нты по́чтой? Ско́лько вре́мени дли́тся оформле́ние ви́зы? Ско́лько сто́ит ви́за? Ко́нсульский сбор за вы́дачу ви́зы составля́ет … е́вро.

Passkontrolle / Па́спортний контроль / Па́спортный контроль

Passkontrolle	Па́спортний контроль	Па́спортный контроль
Hier ist mein Pass. Ich habe einen Diplomatenpass. Ich bin Bürger der … – Bundesrepublik Deutschland. – Republik Österreich. – Schweizerischen Eidgenossenschaft. – Ukraine. – Russischen Föderation. Ich habe ein … – Einreise- – Ausreise- – Transit- Visum. Ich reise … – geschäftlich. – privat.	Ось мій па́спорт. Я ма́ю дипломати́чний па́спорт. Я громадя́нин … – Федерати́вної Респу́бліки Німе́ччина. – Респу́бліки А́встрія. – Швейца́рської Конфедера́ції. – Украї́ни. – Росі́йської Федера́ції. Я ма́ю … – в'їзну́ – виїзну́ – транзи́тну ві́зу. Мета́ мо́єї пої́здки … – ділова́. – прива́тна.	Вот мой па́спорт. У меня́ дипломати́ческий па́спорт. Я граждани́н … – Федерати́вной Респу́блики Герма́ния. – Респу́блики А́встрия. – Швейца́рской Конфедера́ции. – Украи́ны. – Росси́йской Федера́ции. У меня́ … – въездна́я – выездна́я – транзи́тная ви́за. Цель мое́й пое́здки … – делова́я. – ли́чная.

Zollkontrolle

Deutsch	Ukrainisch	Russisch
– als Tourist.	– туризм.	– туризм.
– auf Einladung.	Я маю запрошення.	У меня приглашение.
Mit mir fährt …	Зі мною їде ...	Со мной едет ...
– meine Frau (Tochter).	– моя дружина (дочка).	– моя жена (дочь).
– mein Mann (Sohn).	– мій чоловік (син).	– мой муж (сын).
Helfen Sie mir bitte, den Bogen auszufüllen.	Допоможіть мені заповнити бланк.	Помогите мне заполнить бланк.
Hier fehlt ...	Тут бракує ...	Здесь нет ...
– ein Stempel.	– печатки.	– печати.
– die Unterschrift.	– підпису.	– подписи.
– das Datum.	– дати.	– даты.
– die Erlaubnis.	– дозволу.	– разрешения.
– die Bestätigung.	– підтвердження.	– подтверждения.
Die Angelegenheit muss geklärt werden.	Справу потрібно виясними.	Дело нужно выяснить.
Ich möchte mich mit meiner Botschaft in Verbindung setzen.	Я хочу зв'язатися з моїм посольством.	Я хочу связаться с моим посольством.

Zollkontrolle · Митний огляд · Таможенный досмотр

Hier ist ...	Ось ...	Вот ...
– meine Zollerklärung.	– моя декларація.	– моя декларация.
– mein Gepäck.	– мій багаж.	– мой багаж.
Ich habe ...	Я маю ...	У меня ...
– nur persönliche Gebrauchsgegenstände.	– лише речі особистого вжитку.	– только личные вещи.
– ... Euro (US-Dollar, Schweizer Franken, Hrywnja, Rubel).	– ... євро (доларів США, швейцарських франків, гривень, рублів).	– ... євро (долларов США, швейцарских франков, гривен, рублей).
Ich habe ...	Я везу з собою ...	Я везу с собой ...
– einige Geschenke (Souvenirs).	– кілька подарунків (сувенірів).	– несколько подарков (сувениров).
– eine Stange Zigaretten	– блок цигарок.	– блок сигарет.
– eine Flasche Wein	– пляшку вина.	– бутылку вина.

Deutsch	Ukrainisch	Russisch
(Sekt, Wodka)	(шампа́нського, горі́лки).	(шампа́нского, во́дки).
– eine Dose Kaviar bei mir.	– ба́нку ікри́.	– ба́нку икры́.
Wie viel Zollgebühr habe ich zu zahlen?	Яке́ ми́то я ма́ю сплати́ти?	Каку́ю по́шлину я до́лжен (должна́) заплати́ть?
Gut, ich bezahle.	До́бре, я заплачу́.	Хорошо́, я заплачу́.

Reise mit dem Flugzeug / По́дорож літако́м / Путеше́ствие самолётом

Deutsch	Ukrainisch	Russisch
Wo kann man einen Flug buchen?	Де мо́жна замо́вити квито́к на літа́к?	Где мо́жно заказа́ть биле́т на самолёт?
Gibt es für heute (morgen) noch eine Maschine nach …?	На сього́дні (за́втра) є ще рейс до …?	Есть ли ещё на сего́дня (за́втра) рейс на …?
Ich möchte ein Ticket nach …	Оди́н квито́к до …	Оди́н биле́т до …
Bitte einen Platz …	Будь ла́ска, одне́ мі́сце …	Пожа́луйста, одно́ ме́сто …
– für Raucher.	– у ві́дділі для курці́в.	– в отде́ле для куря́щих.
– für Nichtraucher.	– у ві́дділі для некурці́в.	– в отде́ле некуря́щих.
– am Fenster.	– бі́ля вікна́.	– у окна́.
– am Gang.	– бі́ля прохо́ду.	– у прохо́да.
– in der Mitte.	– посере́дині.	– посереди́не.
– vorne.	– у пере́дній части́ні.	– в пере́дней ча́сти.
– hinten.	– у за́дній части́ні.	– в за́дней ча́сти.
Bitte zwei Plätze nebeneinander.	Будь ла́ска, два мі́сця по́руч.	Пожа́луйста, два ме́ста ря́дом.
Ich möchte meinen Flug	Я б хоті́в (хоті́ла) …	Я бы хоте́л (хоте́ла) …
– bestätigen.	– підтверди́ти	– подтверди́ть
– umbuchen.	– перенести́	– перенести́
– annullieren.	– анулюва́ти своє́ замо́влення.	– аннули́ровать свой зака́з.
Auf welchem Flughafen landet die Maschine?	У яко́му аеропорту́ поса́дка?	В како́м аэропорту́ поса́дка?

Reise mit dem Flugzeug

Deutsch	Ukrainisch	Russisch
Ist das ein Direktflug?	Це прямий рейс?	Это прямой рейс?
Wie komme ich zum Flughafen?	Як дістатися до аеропорту?	Как добраться в аэропорт?
Gibt es einen Bus in Richtung Flughafen?	Чи ходить автобус до аеропорту?	Ходит ли автобус в аэропорт?
Wie lange dauert es mit dem Bus (Taxi) bis zum Flughafen?	Як довго їхати до аеропорту на автобусі (таксі)?	Как долго ехать в аэропорт на автобусе (такси)?
Zum Flughafen, bitte!	До аеропорту, будь ласка!	В аэропорт, пожалуйста!
Wo ist hier die Auskunft?	Де тут довідкове бюро?	Где здесь справочное бюро?
Ist die Maschine aus Berlin (Wien, Zürich, Kyiw, Moskau) schon gelandet?	Літак з Берліна (Відня, Цюриха, Києва, Москви) вже приземлився?	Самолёт из Берлина (Вены, Цюриха, Киева, Москвы) уже приземлился?
Hat man schon …	Вже об'явлено …	Уже объявили …
– zum Einchecken	– реєстрацію?	– регистрацию?
– zum Start aufgerufen?	– посадку?	– посадку?
Wo ist die Gepäckabfertigung?	Де оформлюється багаж?	Где оформляется багаж?
Wie viel Gepäck ist frei?	Скільки багажа можна везти безкоштовно?	Сколько багажа разрешено везти бесплатно?
Was kostet ein Kilo Übergepäck?	Скільки коштує кілограм зайвої ваги?	Сколько стоит килограмм лишнего веса?
Ich habe nur das Handgepäck.	Я маю лише ручну поклажу.	У меня только ручная кладь.
Darf ich die Tasche mitnehmen?	Чи можна взяти сумку з собою?	Я могу взять сумку с собой?
Ich habe mein Ticket verloren.	Я загубив (загубила) квиток.	Я потерял (потеряла) билет.
Mein Gepäck ist weg.	Мій багаж зник.	Мой багаж пропал.
Wo ist das Fundbüro?	Де тут бюро знахідок?	Где здесь бюро находок?
Wo ist mein Platz?	Де моє місце?	Где моё место?

Geldwechsel / Bank

Deutsch	Ukrainisch	Russisch
Sie sitzen auf meinem Platz.	Ви сидите на моєму місці.	Вы сидите на моём месте.
Können wir den Platz tauschen?	Чи не хотіли б Ви помінятися зі мною місцем?	Вы не хотите поменяться со мной местом?
Darf ich bitte vorbei?	Дозвольте пройти.	Разрешите пройти.
Können Sie mir bitte helfen?	Допоможіть мені, будь ласка.	Помогите мне, пожалуйста.
Bringen Sie bitte …	Принесіть, будь ласка, …	Принесите, пожалуйста, …
– ein Glas Wasser.	– склянку води.	– стакан воды.
– eine Tasse Tee (Kaffee).	– чашку чаю (кави).	– чашку чая (кофе).
– eine Tüte.	– гігієнічний пакет.	– гигиенический пакет.
– eine Serviette.	– серветку.	– салфетку.
– eine Zeitung.	– газету.	– газету.
– Zucker (Milch).	– цукор (молоко).	– сахар (молоко).
– alkoholfreies Bier.	– безалкогольне пиво.	– безалкогольное пиво.
– eine Kopfschmerztablette.	– таблетку від головного болю.	– таблетку от головной боли.
Wie lange dauert der Flug?	Як довго триває політ?	Сколько времени длится полёт?
Wann landen wir in …?	Коли посадка в …?	Когда посадка в …?

Geldwechsel, Bank / Обмін валюти, банк / Обмен валюты, банк

Deutsch	Ukrainisch	Russisch
Wo kann ich hier Geld wechseln?	Де тут можна обміняти гроші?	Где здесь можно обменять деньги?
Wo ist hier …	Де тут …	Где здесь …
– eine Bank?	– банк?	– банк?
– eine Geldwechselstelle?	– пункт обміну валюти?	– пункт обмена валюты?
– ein Geldautomat?	– банкомат?	– банкомат?
Wie ist der Kurs für …	Який курс обміну …	Какой курс обмена …
– Euro?	– євро?	– евро?
– Dollar?	– долара?	– доллара?
– Schweizer Franken?	– швейцарського франка?	– швейцарского франка?

Deutsch	Ukrainisch	Russisch
Nehmen Sie …	Ви приймаєте …	Вы принимаете …
– Euro?	– євро?	– евро?
– US-Dollar?	– долари США?	– доллары США?
– Schweizer Franken?	– швейцарські франки?	– швейцарские франки?
Ich möchte …	Я б хотів (хотіла) обміняти …	Я хотел (хотела) бы обменять …
– 100 Euro	– сто євро.	– сто евро.
– 200 Dollar	– двісті доларів.	– двести долларов.
– 300 Schweizer Franken umtauschen.	– триста швейцарських франків.	– триста швейцарских франков.
Ich brauche …	Мені потрібно …	Мне нужно …
– 500 Hrywnja.	– п'ятсот гривень.	– пятьсот гривен.
– 700 Rubel.	– сімсот рублів.	– семьсот рублей.
Ich möchte …	Я хочу …	Я хочу …
– ein Konto eröffnen.	– відкрити рахунок.	– открыть счёт.
– mein Konto schließen.	– закрити свій рахунок.	– закрыть свой счёт.
– 600 Euro einzahlen.	– внести на мій рахунок шістсот євро.	– внести на мой счёт шестьсот евро.
– 150 Euro abheben.	– зняти з рахунку сто п'ятдесят євро.	– снять со счёта сто пятьдесят евро.

Reise mit dem Zug / Подорож потягом / Путешествие поездом

Deutsch	Ukrainisch	Russisch
Wie komme ich zum Bahnhof?	Як мені дістатися до вокзалу?	Как мне добраться до вокзала?
Was kostet eine Fahrkarte nach Berlin (Wien, Zürich, Kyiw, Moskau)?	Скільки коштує квиток до Берліна (Відня, Цюриха, Києва, Москви)?	Сколько стоит билет до Берлина (Вены, Цюриха, Киева, Москвы)?
Geben Sie mir bitte eine Fahrkarte nach Kyiw …	Дайте, будь ласка, квиток до Києва …	Дайте, пожалуйста, билет до Киева …
– einfach.	– в один кінець.	– в один конец.
– hin und zurück.	– туди й назад.	– туда и обратно.

Reise mit dem Zug

Deutsch	Ukrainisch	Russisch
Erste (zweite) Klasse bitte!	У вагон першого (другого) класу.	В вагон первого (второго) класса.
Wie lange gilt die Fahrkarte?	Як довго дійсний квиток?	Какое время действителен билет?
Wann (um wieviel Uhr) und ...	Коли (о котрій годині) і ...	Когда (в котором часу) и ...
– von welchem Bahnhof	– з якого вокзалу	– с какого вокзала
– von welchem Bahnsteig fährt der Zug ab?	– з якої платформи відходить потяг?	– с какой платформы отправляется поезд?
In welchem Bahnhof kommen wir an?	На який вокзал ми прибуваємо?	На какой вокзал мы прибываем?
Gibt es eine Direktverbindung nach ...?	Чи є прямий потяг до ...?	Есть прямой поезд на ...?
Wo muss man umsteigen?	Де треба робити пересадку?	Где нужно сделать пересадку?
Wo ist die Gepäckaufbewahrung?	Де камера зберігання?	Где камера хранения?
Wo steht der Zug nach ...?	Де стоїть потяг на ...?	Где стоит поезд на ...?
Wo ist Bahnsteig 1, (2, 3)?	Де перша (друга, третя) платформа?	Где первая (вторая, третья) платформа?
Ist das ein Schlafwagen?	Це спальний вагон?	Это спальный вагон?
Wo ist ...	Де ...	Где ...
– der Schaffner?	– провідник?	– проводник?
– der Wagen Nr. 5?	– вагон номер п'ять?	– вагон номер пять?
– der Speisewagen?	– вагон-ресторан?	– вагон-ресторан?
– mein Abteil?	– моє купе?	– моё купе?
Hier ist meine Fahrkarte.	Ось мій квиток.	Вот мой билет.
Das sind (nicht) meine Sachen.	Це (не) мої речі.	Это (не) мои вещи.
Kann ich bitte durch?	Дозвольте пройти.	Разрешите пройти.
Darf man hier rauchen?	Тут можна курити?	Здесь можно курить?
Darf ich ...	Можна ...	Можно ...
– das Licht einschalten (ausmachen)?	– увімкнути (вимкнути) світло?	– включить (выключить) свет?
– das Fenster öffnen (schließen)?	– відчинити (зачинити) вікно?	– открыть (закрыть) окно?

Deutsch	Ukrainisch	Russisch
Bringen Sie bitte …	Принесіть, будь ласка,	Принесите, пожалуйста,
– noch eine Decke.	– ще одне укривало.	– ещё одно одеяло.
– noch ein Kissen.	– ще одну подушку.	– ещё одну подушку.
– ein Glas Tee.	– склянку чаю.	– стакан чая.
– eine Flasche Wasser.	– пляшку води.	– бутылку воды.
Wo sind wir jetzt?	Де ми зараз знаходимось?	Где мы сейчас находимся?
Wann kommen wir in … an?	Коли ми прибуваємо в …?	Когда мы прибываем в …?
Der Zug hat 20 Minuten Verspätung.	Потяг запізнюється на двадцять хвилин.	Поезд опаздывает на двадцать минут.
Wecken Sie mich bitte …	Прошу розбудити мене …	Разбудите меня, пожалуйста, …
– um 1 Uhr.	– о першій годині.	– в час.
– um 3 Uhr.	– о третій годині.	– в три часа.
– um 5 Uhr.	– о п'ятій годині.	– в пять часов.

Reise mit dem Auto / Подорож автомобілем / Путешествие автомобилем

Deutsch	Ukrainisch	Russisch
Dort ist mein Auto.	Там моя машина.	Там моя машина.
Hier sind meine Fahrzeugpapiere: der …	Ось мої документи на машину:	Вот мои документы на машину:
– Fahrzeugschein,	– реєстраційна карта,	– регистрационная карта,
– Führerschein,	– посвідчення водія,	– водительские права,
– Versicherungsschein (die grüne Karte).	– страхове свідоцтво (зелена карта).	– страховое свидетельство (зелёная карта).
Bitte öffnen Sie …	Прошу відкрити …	Прошу открыть …
– die Motorhaube.	– капот.	– капот.
– den Kofferraum.	– багажник.	– багажник.
– das Handschuhfach.	– бардачок.	– бардачок.
Wohin führt diese Straße?	Куди веде ця дорога?	Куда ведёт эта дорога?
Zeigen Sie mir bitte auf der Karte den Weg nach …	Покажіть, будь ласка, на карті дорогу на …	Покажите, пожалуйста, на карте дорогу на …

Reise mit dem Auto

Deutsch	Ukrainisch	Russisch
Ich habe mich verfahren.	Я збився (збилась) зі шляху.	Я сбился (сбилась) с дороги.
Der Weg ist schlecht.	Дорога погана.	Дорога плохая.
Die Straße ist gesperrt.	Вулиця перекрита.	Улица перекрыта.
Vorne ist ein Stau.	Попереду затор.	Впереди затор.
Gibt es hier eine Umleitung?	Тут є об'їзд?	Здесь есть объезд?
Wir sollten umkehren.	Нам треба завертати назад.	Нам нужно поворачивать обратно.
Fahre ich hier richtig nach ...?	Чи правильно я їду на ...?	Правильно ли я еду на ...?
Wie viele Kilometer sind es bis ...?	Скільки кілометрів до ...?	Сколько километров до ...?
Wie komme ich zum Hotel ...?	Як проїхати до готелю ...?	Как проехать к гостинице ...?
Wo ist ...	Де ...	Где ...
– die Straße Nr. ...?	– дорога номер ...?	– дорога номер ...?
– die Autobahn ...?	– автострада ...?	– автострада ...?
– die Autobahnausfahrt?	– з'їзд з автостради?	– съезд с автострады?
– die Autobahnauffahrt?	– в'їзд на автостраду?	– въезд на автостраду?
– ein Parkplatz?	– стоянка?	– стоянка?
– die nächste Tankstelle?	– найближча заправка?	– ближайшая заправка?
– die Autowerkstatt?	– станція техобслуговування?	– станция техобслуживания?
Ich brauche ...	Мені ...	Мне ...
– ... Liter bleifreies Benzin (Super, Diesel).	– потрібно ... літрів бензину А95 (А98, дизелю).	– нужно ... литров бензина А95 (А98, дизеля).
– Motoröl.	– потрібна олива.	– нужно моторное масло.
– destilliertes Wasser.	– потрібна дистильована вода.	– нужна дистиллированная вода.
Bitte ...	Прошу ...	Прошу ...
– den Wagen waschen.	– помити машину.	– помыть машину.
– die Scheiben säubern.	– обтерти вікна.	– вытереть окна.
– Kühlwasser nachfüllen.	– долити води у радіатор.	– добавить воды в радиатор.

Deutsch	Ukrainisch	Russisch
– den Luftdruck (den Ölstand) messen.	– поміряти тиск повітря (рівень оливи).	– измерить давление воздуха (уровень масла).
– die Reifen aufpumpen.	– напомпувати колеса.	– накачать колёса.

Autowerkstatt / Станція техобслуговування / Станция техобслуживания

Deutsch	Ukrainisch	Russisch
Bringen Sie den Wagen in eine Autowerkstatt.	Відбуксуйте машину до майстерні.	Отбуксируйте машину в мастерскую.
Der Wagen hat einen Defekt.	Машина зіпсувалась.	Машина испортилась.
Die Batterie ist entladen.	Розрядився акумулятор.	Разряжен аккумулятор.
Ich habe keine Ersatzteile.	Я не маю запчастин.	У меня нет запчастей.
Die Zündung (die Bremse, die Kupplung, der Motor) ist defekt.	Не працює запалення (гальмо, зчеплення, двигун).	Не работает зажигание (тормоз, сцепление, мотор).
Bitte ...	Прошу ...	Прошу ...
– den Wagen (den Reifen) reparieren.	– відремонтувати машину (автошину).	– отремонтировать машину (автошину).
– das Öl wechseln.	– замінити оливу.	– сменить масло.
– die Batterie laden.	– зарядити батарею.	– зарядить батарею.
– den Akku auffüllen.	– залити акумулятор.	– залить аккумулятор.
– den Motor (die Bremsen) prüfen.	– перевірити двигун (гальма).	– проверить мотор (тормоза).
– die Zündung einstellen.	– відрегулювати запалювання.	– отрегулировать зажигание.
Wie lange dauert die Reparatur?	Як довго триватиме ремонт?	Сколько продлится ремонт?
Wann kann man den Wagen abholen?	Коли можна забрати машину?	Когда можно забрать машину?
Was kostet die Reparatur?	Скільки коштує ремонт?	Сколько стоит ремонт?

Deutsch	Ukrainisch	Russisch
Hotel	**Готе́ль**	**Гости́ница**
Wo ist das Hotel …?	Де розташо́ваний готе́ль …?	Где нахо́дится гости́ница …?
Mein Name ist …	Моє́ прі́звище …	Моя́ фами́лия …
Ich habe ein Zimmer bestellt.	Я замо́вив (замо́вила) но́мер.	Я заказа́л (заказа́ла) но́мер.
Man hat für mich ein Zimmer bei Ihnen reserviert.	Для ме́не у Вас заброньо́вано но́мер.	Для меня́ у Вас заброни́ровали но́мер.
Haben Sie freie Zimmer?	Ви ма́єте ві́льні номери́?	У вас есть свобо́дные номера́?
Ich möchte …	Мені́ потрі́бен …	Мне ну́жен …
– ein Einzelzimmer	– но́мер на одну́ осо́бу.	– одномі́стный но́мер.
– ein Doppelzimmer	– но́мер на дві осо́би.	– двухме́стный но́мер.
– ein Appartement haben.	– но́мер „люкс".	– но́мер „люкс".
Ich brauche ein Zimmer für 1 Nacht (2, 5 Nächte).	Мені́ потрі́бна кімна́та на оди́н день (два дні, п'ять днів).	Мне ну́жен но́мер на оди́н день (два дня, пять дней).
Gibt es im Zimmer …	Чи є в но́мері …	Есть ли в но́мере …
– ein Bad?	– ва́нна?	– ва́нная?
– eine Dusche?	– душ?	– душ?
– einen Balkon?	– балко́н?	– балко́н?
– einen Fernseher?	– телеві́зор?	– телеви́зор?
– ein Telefon?	– телефо́н?	– телефо́н?
– eine Klimaanlage?	– кондиціоне́р?	– кондиционе́р?
– einen PC?	– комп'ю́тер?	– компью́тер?
– einen Internet-Anschluss?	– до́ступ до інтерне́ту?	– до́ступ в интерне́т?
Dieses Zimmer sagt mir (nicht) zu.	Цей но́мер мені́ (не) підхо́дить.	Э́тот но́мер мне (не) подхо́дит.
Haben Sie kein …	Чи не ма́єте Ви …	Есть ли но́мер …
– besseres	– кра́щого	– полу́чше?
– billigeres	– деше́вшого	– подеше́вле?
– ruhigeres	– споко́йнішого	– поспоко́йнее?
– größeres	– бі́льшого	– побо́льше?
– kleineres Zimmer?	– ме́ншого но́меру?	– поме́ньше?

Hotel

Deutsch	Ukrainisch	Russisch
In welcher Etage liegt das Zimmer?	На якому поверсі номер?	На каком этаже номер?
Um wieviel Uhr kann man frühstücken?	Коли у Вас сніданок?	Когда у Вас завтрак?
Was kostet dieses Zimmer pro Nacht?	Скільки коштує цей номер на добу?	Сколько стоит этот номер в сутки?
Ist im Preis des Zimmers ...	Чи входить у вартість номеру ...	Входит ли в стоимость номера ...
– das Frühstück	– сніданок?	– завтрак?
– der Service enthalten?	– обслуговування?	– обслуживание?
Ich denke, ich bleibe (wir denken, wir bleiben) ...	Я маю (ми маємо) намір зупинитися на ...	Я думаю (мы думаем) остановиться на ...
– 1 Nacht.	– один день.	– один день.
– 2 (5) Nächte.	– два дні (п'ять днів).	– два дня (пять дней).
– 1 Woche.	– тиждень.	– неделю.
– 2 Wochen.	– два тижні.	– две недели.
– 1 Monat.	– місяць.	– месяц.
Wo ist hier ...	Де тут ...	Где здесь ...
– die Rezeption?	– реєстрація?	– регистрация?
– der Fahrstuhl?	– ліфт?	– лифт?
– der Geldautomat?	– банкомат?	– банкомат?
– die Bar?	– бар?	– бар?
– das Restaurant?	– ресторан?	– ресторан?
– der Frühstücksraum?	– зал для сніданку?	– зал для завтрака?
– das Schwimmbad?	– басейн?	– бассейн?
– der Friseur?	– перукарня?	– парикмахерская?
Gibt es ein Faxgerät im Hotel?	У готелі є факс?	В гостинице есть факс?
Kann ich das per Fax abschicken?	Можна це відправити факсом?	Можно это отправить по факсу?
Was kostet eine Seite nach ...?	Скільки коштує одна сторінка до ...?	Сколько стоит одна страница в ...?
Ich habe eine Bitte.	Я маю прохання.	У меня просьба.
Wecken Sie mich bitte um 5 (6, 7) Uhr.	Прошу збудити мене о п'ятій (шостій, сьомій) годині.	Разбудите меня в пять (шесть, семь) часов.

Hotel

Deutsch	Ukrainisch	Russisch
Bringen Sie mir ins Zimmer …	Принесіть мені в кімнату …	Принесите мне в номер …
– das Frühstück.	– сніданок.	– завтрак.
– das Mittagessen.	– обід.	– обед.
– das Abendessen.	– вечерю.	– ужин.
– ein Handtuch.	– рушник.	– полотенце.
– einen Bademantel.	– халат.	– халат.
– eine Decke.	– укривало.	– одеяло.
– eine aktuelle Zeitung.	– свіжу газету.	– свежую газету.
– eine Schachtel Zigaretten.	– пачку цигарок.	– пачку сигарет.
– einen Aschenbecher.	– попільницю.	– пепельницу.
Bei mir im Zimmer ist …	У мене в номері не працює …	У меня в номере не работает …
– die Heizung	– батарея.	– батарея.
– die Steckdose	– розетка.	– розетка.
– der Fernseher	– телевізор.	– телевизор.
– die Klimaanlage	– кондиціонер.	– кондиционер.
– der Ventilator	– вентилятор.	– вентилятор.
– der Föhn defekt.	– фен.	– фен.
Der Schlüssel passt nicht.	Ключ не підходить.	Ключ не подходит.
Die Tür schließt nicht.	Двері не зачиняються.	Дверь не закрывается.
Es gibt …	Немає …	Нет …
– kein Licht.	– світла.	– света.
– kein warmes Wasser.	– теплої води.	– тёплой воды.
– keine Handtücher.	– рушників.	– полотенец.
– kein Toilettenpapier.	– туалетного паперу.	– туалетной бумаги.
Kann ich ein anderes Zimmer haben?	Прошу дати мені інший номер.	Прошу предоставить мне другой номер.
Ich möchte diese Sachen …	Прошу ці речі …	Прошу эти вещи …
– waschen	– випрати.	– выстирать.
– reinigen	– почистити.	– почистить.
– bügeln	– випрасувати.	– выгладить.
– reparieren lassen.	– полагодити.	– починить.

Hotel

Deutsch	Ukrainisch	Russisch
Geben Sie mir bitte den Zimmerschlüssel ...	Дайте мені ключ від номера ...	Дайте ключ от номера ...
Ich habe den Schlüssel ...	Я ...	Я ...
– im Zimmer vergessen.	– забув (забула) ключ у номері.	– забыл (забыла) ключ в номере.
– verloren.	– загубив (загубила) ключ.	– потерял (потеряла) ключ.
Ist Post für mich da?	Чи є для мене пошта?	Почта для меня есть?
Hat jemand nach mir gefragt?	За мною ніхто не питав?	Меня не спрашивали?
Wenn man nach mir fragt, sagen Sie bitte, dass ich ...	Якщо за мною будуть питати, я ...	Если меня будут спрашивать, я ...
– im Zimmer	– у номері.	– в номере.
– im Restaurant	– у ресторані.	– в ресторане.
– beim Friseur	– у перукарні.	– в парикмахерской.
– im Fitnessraum	– у тренажерному залі.	– в тренажёрном зале.
– in der Stadt bin.	– у місті.	– в городе.
– einen wichtigen Termin habe.	– маю важливу зустріч.	– на важной встрече.
– nach 8 (9, 10) Uhr komme.	– буду після восьмої (дев'ятої, десятої) години.	– буду после восьми (девяти, десяти) часов.
Ich fahre ...	Я від'їжджаю ...	Я уезжаю ...
– heute Abend	– сьогодні ввечері.	– сегодня вечером.
– morgen früh ab.	– завтра вранці.	– завтра утром.
Machen Sie bitte die Rechnung fertig.	Будь ласка, приготуйте, рахунок.	Приготовьте счёт, пожалуйста.
Ich möchte jetzt die Rechnung begleichen.	Я розрахуюсь зараз.	Я рассчитаюсь сейчас.
Kann ich hier ...	Тут можна розраховуватися ...	Здесь можно рассчитываться ...
– mit einer Kreditkarte	– кредитною карткою?	– кредитной картой?
– per Scheck	– чеком?	– чеком?
– in bar zahlen?	– готівкою?	– наличными?

Deutsch	Ukrainisch	Russisch
Seien Sie so freundlich, ...	Будьте ласкаві, ...	Будьте любезны, ...
– schicken Sie mir die Rechnung per Post.	– надішліть мені рахунок поштою.	– пришлите мне счёт по почте.
– rufen Sie für mich ein Taxi.	– викличте для мене таксі.	– вызовите мне такси.

Wohnung, Makler / Помешкання, маклер / Квартира, маклер

Ich suche ...	Я шукаю ...	Я ищу ...
– eine Wohnung	– помешкання	– квартиру
– ein Haus	– дім	– дом
– eine Villa	– віллу	– виллу
– ein Appartement	– апартамент	– аппартамент
mit ...	з ...	с ...
– Balkon.	– балконом.	– балконом.
– Garage.	– гаражем.	– гаражём.
– Parkplatz.	– стоянкою.	– стоянкой.
– Garten.	– садом.	– садом.
– Terrasse.	– терасою.	– террасой.
– Kinderzimmer.	– дитячою кімнатою.	– детской комнатой.
– Fahrstuhl.	– ліфтом.	– лифтом.
– Zentralheizung.	– центральним опаленням.	– центральным отоплением.
– Klimaanlage.	– кондиціонером.	– кондиционером.
– Sauna.	– лазнею.	– баней.
Ich möchte eine Wohnung ...	Я хочу ...	Я хочу ...
– mieten.	– винайняти	– снять
– kaufen.	– купити помешкання.	– купить квартиру.
Wo liegt die Wohnung?	Де розташоване помешкання?	Где находится квартира?
Ist das ...	Це ...	Это ...
– im Stadtzentrum?	– в центрі міста?	– в центре города?
– außerhalb der Stadt?	– за межами міста?	– за городом?
– in der Nähe der Botschaft?	– недалеко від посольства?	– недалеко от посольства?

Wohnung / Makler

Deutsch	Ukrainisch	Russisch
Wie heißt die Straße?	Як називається вулиця?	Как называется улица?
Ist die Wohnung ...	Чи помешкання ...	Квартира ...
– groß?	– велике?	– большая?
– klein?	– невелике?	– небольшая?
– möbliert?	– умебльоване?	– меблированная?
– unmöbliert?	– без меблів?	– без мебели?
Wie viele	Скільки ...	Сколько ...
– Zimmer	– кімнат	– комнат
– Quadratmeter hat die Wohnung?	– квадратних метрів має помешкання?	– квадратных метров в квартире?
Wie hoch ist ...	Яка ...	Какая ...
– die Miete?	– квартплатня?	– квартплата?
– der Preis?	– ціна?	– цена?
– die Kaution?	Яку заставу ...	Какой залог ...
– die Provision?	Який комісійний збір ... треба сплатити?	Какой комиссионный сбор ... нужно внести?
Können Sie mir per Fax ...	Прошу надіслати мені факсом ...	Вышлите мне по факсу ...
– einen Grundriss	– план	– план
– ein Foto der Wohnung schicken?	– фото помешкання.	– фотографию квартиры.
Wann kann ich die Wohnung besichtigen?	Коли я можу оглянути помешкання?	Когда я могу посмотреть квартиру?
Sind Sie ...	Ви ...	Вы ..
– der Makler?	– маклер?	– маклер?
– der Eigentümer?	– власник?	– владелец?
Das Wohnzimmer ...	Вітальня ...	Гостиная ...
Die Küche ...	Кухня ...	Кухня ...
Das Schlafzimmer ...	Спальня ...	Спальня ...
Das Badezimmer ...	Ванна ...	Ванная ...
ist zu ...	надто ...	слишком ...
– dunkel.	– темна.	– тёмная.
– eng.	– вузька.	– узкая.
Die Wohnung ist zu ...	Помешкання ...	Квартира слишком ...
– teuer.	– задороге.	– дорогая.
– klein.	– замале.	– маленькая.
– groß.	– завелике.	– большая.

Deutsch	Ukrainisch	Russisch
Haben Sie keine andere Variante?	Ви не маєте іншого варіанту?	Нет ли у Вас другого варианта?
Diese Wohnung ist viel besser.	Це помешкання набагато краще.	Эта квартира намного лучше.
Ich muss mich noch mit …	Я ще мушу порадитися з …	Мне ещё нужно посоветоваться с …
– meiner Frau	– моєю дружиною.	– моей женой.
– meinem Mann	– моїм чоловіком.	– моим мужем.
– meinen Kollegen beraten.	– моїми колегами.	– моими коллегами.
Bitte bereiten Sie den …	Прошу підготувати …	Прошу подготовить …
– Mietvertrag	– договір про винаймання	– договор о найме
– Kaufvertrag vor.	– договір про купівлю помешкання.	– договор на покупку квартиры.

Friseur / Перукарня / Парикмахерская

Deutsch	Ukrainisch	Russisch
Sind Sie frei?	Ви вільні?	Вы свободны?
Kann ich warten?	Мені почекати?	Мне подождать?
Ich habe einen Termin für heute.	Я мав (мала) на сьогодні термін.	Я записан (записана) на сегодня.
Ich möchte einen Termin für …	Я хочу термін на …	Запишите меня на …
– morgen	– завтра.	– завтра.
– übermorgen	– післязавтра.	– послезавтра.
– Donnerstag haben.	– четвер.	– четверг.
Morgen um 10 Uhr?	Завтра о десятій годині?	Завтра в десять часов?
Das ist mir recht.	Це мене влаштовує.	Это меня устраивает.
Bitte die Haare …	Прошу …	Прошу …
– waschen.	– помити	– помыть
– färben.	– пофарбувати	– покрасить
– schneiden.	– підстригти	– постричь
– legen.	– укласти	– уложить
– fönen.	– висушити волосся.	– высушить волосы.
Rasieren bitte!	Поголіть мене!	Побрейте меня!

Friseur

Deutsch	Ukrainisch	Russisch
Den Bart bitte etwas stutzen.	Підрівняйте бороду (вуса).	Подравняйте бороду (усы).
Bitte die Augenbrauen nachziehen.	Підведіть брови.	Подведите брови.
Schneiden Sie bitte nur die Spitzen ab.	Відстрижіть лише кінці.	Обстригите лишь концы.
Eine Kopfmassage, bitte.	Прошу зробити масаж голови.	Сделайте массаж головы.
Ich möchte ...	Я хочу ...	Я хочу ...
– diese Frisur	– таку зачіску.	– такую причёску.
– diese Haarfarbe	– такий колір волосся.	– такой цвет волос.
– blonde Strähnchen	– русяві пасма.	– русые пряди.
– einen Messerformschnitt	– фасонну стрижку.	– фасонную стрижку.
– eine Dauerwelle haben.	– завивку.	– завивку.
Wünschen Sie ...	Бажаєте ...	Желаете ...
– Haarspray?	– лак?	– лак?
– Haarwasser?	– лосьйон?	– лосьон?
Wie möchten Sie das Haar geschnitten haben?	Як Вас підстригти?	Как Вас постричь?
Sehr kurz.	Дуже коротко.	Очень коротко.
Nicht zu kurz.	Не надто коротко.	Не слишком коротко.
Nehmen Sie ...	Зніміть трохи ...	Уберите немного ...
– hier	– тут.	– здесь.
– dort	– там.	– там.
– vorne	– спереду.	– впереди.
– hinten	– ззаду.	– сзади.
– an den Seiten etwas weg.	– з боків.	– по бокам.
So ist es gut (besser).	Так добре (краще).	Так хорошо (лучше).
Kann ich ...	Ви можете зробити ...	Вы можете сделать ...
– eine Gesichtsmaske	– маску?	– маску?
– eine Gesichtsmassage	– масаж обличчя?	– массаж лица?
– eine Maniküre	– манікюр?	– маникюр?
– die Pediküre haben?	– педикюр?	– педикюр?

Restaurant

Deutsch	*Ukrainisch*	*Russisch*
Restaurant	**Ресторан**	**Ресторан**

Deutsch	Ukrainisch	Russisch
Ist dieser Tisch frei?	Цей столик вільний?	Этот столик свободен?
Die Speisekarte bitte!	Прошу дати меню!	Меню, пожалуйста!
Ich habe noch nicht gewählt.	Я ще не вибрав (вибрала).	Я ещё не выбрал (выбрала).
Bringen Sie bitte noch ...	Принесіть, будь ласка, ще ...	Принесите, пожалуйста, ещё ...
– einen Aschenbecher.	– одну попільницю.	– одну пепельницу.
– eine Serviette.	– одну серветку.	– одну салфетку.
– einen Löffel.	– одну ложку.	– одну ложку.
– eine Gabel.	– одну виделку.	– одну вилку.
– ein Glas.	– одну склянку.	– один стакан.
– ein Messer.	– один ніж.	– один нож.
– einen Stuhl.	– один стілець.	– один стул.
– einen Teller.	– одну тарілку.	– одну тарелку.
Was werden wir ...	Що будемо ...	Что мы будем ...
– trinken?	– пити?	– пить?
– essen?	– їсти?	– кушать?
– bestellen?	– замовляти?	– заказывать?
Was können Sie mir (uns) empfehlen?	Що Ви можете мені (нам) запропонувати?	Что Вы можете мне (нам) порекомендовать?
Welche Spezialitäten haben Sie?	Які фірменні страви Ви маєте?	Какие у Вас фирменные блюда?
Bitte, ...	Мені (нам) ...	Мне (нам) ...
– einmal (zweimal) Beefsteak.	– один біфштекс (два біфштекси).	– один бифштекс (два бифштекса).
– Kalbsbraten.	– телятину.	– телятину.
– Wiener Schnitzel.	– віденський шніцель.	– венский шницель.
– Kotelett auf Kyiwer Art.	– котлету по-київськи.	– котлету по-киевски.
Guten Appetit!	Смачного!	Приятного аппетита!
Danke, gleichfalls!	Дякую, взаємно!	Спасибо, взаимно!
Wie schmeckt es Ihnen?	Як Вам смакує?	Вам нравится?
Sehr lecker!	Дуже смачно!	Очень вкусно!
Greifen Sie bitte zu!	Беріть, будь ласка! Пригощайтесь!	Берите, пожалуйста! Угощайтесь!
Nehmen Sie bitte noch ...	Візьміть іще ...	Возьмите ещё ...

Restaurant

Deutsch	Ukrainisch	Russisch
Mit Vergnügen.	З задоволенням!	С удовольствием.
Danke, ich bin satt.	Дякую, я ситий (сита).	Спасибо, я сыт (сыта).
Ich halte Diät.	Я на дієті.	Я на диете.
Das habe ich nicht bestellt.	Я цього не замовляв (замовляла).	Я этого не заказывал (заказывала).
Sie haben mich nicht verstanden.	Ви мене не зрозуміли.	Вы меня не поняли.
Die Rechnung, bitte!	Рахунок, будь ласка!	Счёт, пожалуйста!
Der Rest ist für Sie!	Решта для Вас!	Остальное для Вас!
Speisekarte	меню *n*	меню *n*
Vorspeise/n:	закуска *f* / закуски *Pl.*:	закуска *f* / закуски *Pl.*:
– Garnelen	– креветки *Pl.*	– креветки *Pl.*
– Hering	– оселедець *m*	– сельдь *f* / селёдка *f*
– Käse	– сир *m*	– сыр *m*
– Kaviar	– ікра *f*	– икра *f*
– Pastete	– паштет *m*	– паштет *m*
– Pilze	– гриби *Pl.*	– грибы *Pl.*
– Salat	– салат *m*	– салат *m*
– Schinken	– шинка *f*	– ветчина *f*
– Stör	– осетрина *f*	– осетрина *f*
– Wurst	– ковбаса *f*	– колбаса *f*
– Zunge	– язик *m*	– язык *m*
Suppen:	перші страви *Pl.*:	первые блюда *Pl.*:
– Borschtsch	– борщ *m*	– борщ *m*
– Brühe	– бульйон *m*	– бульон *m*
– Erbsensuppe	– гороховий суп *m*	– гороховый суп *m*
– Fischsuppe	– рибна юшка *f*	– уха *f*
– Gemüsesuppe	– овочевий суп *m*	– овощной суп *m*
– Hühnerbrühe	– курячий бульйон *m*	- куриный бульон *m*
– Nudelsuppe	– юшка з локшиною *f*	– суп с лапшой *m*
– Soljanka	– солянка *f*	– солянка *f*
Hauptgerichte	другі страви *Pl.*	вторые блюда *Pl.*
Fleischgerichte:	страви з м'яса *Pl.*:	мясные блюда *Pl.*:
– Kalbfleisch	– телятина *f*	– телятина *f*
– Lammfleisch	– баранина *f*	– баранина *f*
– Rindfleisch	– яловичина *f*	– говядина *f*
– Schweinefleisch	– свинина *f*	– свинина *f*
Geflügel:	страви з птиці *Pl.*:	блюда из птицы *Pl.*:
– Ente	– качка *f*	– утка *f*

Deutsch	*Ukrainisch*	*Russisch*
– Fasan	– фаза́н *m*	– фаза́н *m*
– Gans	– гу́ска *f*	– гусь *m*
– Hähnchen	– курча́ *n*	– цыплёнок *m*
– Huhn	– ку́рка *f*	– ку́рица *f*
– Pute	– і́ндик *m*	– инде́йка *f*
Fischgerichte:	ри́бні стра́ви *Pl.*:	– ры́бные блю́да *Pl.*:
– Aal	– вуго́р *m*, в'юн *m*	– у́горь *m*
– Forelle	– форе́ль *f*	– форе́ль *f*
– Hecht	– щу́ка *f*	– щу́ка *f*
– Karpfen	– ко́роп *m*	– карп *m*
– Lachs	– ло́сось *m*	– ло́сось *m*
– Wels	– сом *m*	– сом *m*
Beilage, Gemüse:	гарні́р *m*, о́вочі *Pl.*:	гарни́р *m*, о́вощи *Pl.*:
– Blumenkohl	– цвітна́ капу́ста *f*	– цветна́я капу́ста *f*
– Bohnen	– квасо́ля *f*	– фасо́ль *f*
– Buchweizengrütze	– греча́на ка́ша *f*	– гре́чневая ка́ша *f*
– Erbsen	– горо́шок *m*	– горо́шек *m*
– Kartoffelbrei	– карто́пляне пюре́ *n*	– карто́фельное пюре́ *n*
– Kartoffeln	– карто́пля *f*	– карто́фель *m*
– Möhren	– морква́ *f*	– морко́вь *f*
– Nudeln	– макаро́ни *Pl.* / ло́кшина *f*	– макаро́ны *Pl.* / лапша́ *f*
– Paprika	– пе́рець *m*	– пе́рец *m*
– Perlgraupen	– перло́ва ка́ша *f*	– перло́вая ка́ша *f*
– Reis	– рис *m*	– рис *m*
– rote Bete	– буря́к *m*	– свёкла *f*
– Spargel	– спа́ржа *f*	– спа́ржа *f*
– Tomaten	– помі́дори *Pl.*	– помидо́ры *Pl.*
– Weißkohl	– капу́ста *f*	– капу́ста *f*
– Zwiebeln	– цибу́ля *f*	– лук *m*
Gewürze:	спе́ції *Pl.*:	специи *Pl.*:
– Essig	– о́цет *m*	– у́ксус *m*
– Ketchup	– ке́тчуп *m*	– ке́тчуп *m*
– Pfeffer	– пе́рець *m*	– пе́рец *m*
– Salz	– сіль *f*	– соль *f*
– Senf	– гірчи́ця *f*	– горчи́ца *f*
Nachtisch:	десе́рт *m*:	десе́рт *m*:
– Auflauf	– ба́бка *f*	– запека́нка *f*
– Eis	– моро́зиво *n*	– моро́женое *n*

Restaurant

Deutsch	Ukrainisch	Russisch
– Götterspeise	– желе́ *n*	– желе́ *n*
– Kaltschale	– кисі́ль *m*	– кисе́ль *m*
– Kompott	– компо́т *m*	– компо́т *m*
– Pudding	– пу́динг *m*	– пу́динг *m*
– Schlagsahne	– вершки́ *Pl.*	– сли́вки *Pl.*
Frühstück:	сніда́нок *m*:	за́втрак *m*:
– Brot	– хліб *m*	– хлеб *m*
– Brötchen	– бу́лка *f*	– бу́лка *f* / бу́лочка *f*
– Butter	– ма́сло *n*	– ма́сло *n*
– Buttermilch	– масля́нка *f*	– па́хта *f*
– Ei	– яйце́ *n*	– яйцо́ *n*
– Hörnchen	– рога́лик *m*	– рога́лик *m*
– Joghurt	– йо́гурт *m*	– йо́гурт *m*
– Kefir	– кефі́р *m*	– кефи́р *m*
– Margarine	– маргари́н *m*	– маргари́н *m*
– Marmelade	– пови́дло *n*	– пови́дло *n*
– Müsli	– мю́слі *n*	– мю́сли *n*
Getränk/e:	напі́й *m* / напо́ї *Pl.*:	напи́ток *m* / напи́тки *Pl.*:
– Cola	– ко́ла *f*	– ко́ла *f*
– Kaffee	– ка́ва *f*	– ко́фе *m*
– Kakao	– кака́о *n*	– кака́о *n*
– Limonade	– лимона́д *m*	– лимона́д *m*
– Milch	– молоко́ *n*	– молоко́ *n*
– Mineralwasser	– мінера́льна вода́ *f*	– минера́льная вода́ *f*
– Saft	– сік *m*	– сок *m*
– Tee	– чай *m*	– чай *m*
Wein/e:	вино́ *n* / ви́на *Pl.*:	вино́ *n* / ви́на *Pl.*:
– Rotwein	– черво́не вино́ *n*	– кра́сное вино́ *n*
– Sekt, Champagner	– шампа́нське *n*	– шампа́нское *n*
– Tafelwein	– столо́ве вино́ *n*	– столо́вое вино́ *n*
– trockener Wein	– сухе́ вино́ *n*	– сухо́е вино́ *n*
– Weißwein	– бі́ле вино́ *n*	– бе́лое вино́ *n*
Spirituosen:	спиртні́ напо́ї *Pl.*:	спиртны́е напи́тки *Pl.*:
– Kognak, Weinbrand	– конья́к *m*	– конья́к *m*
– Likör	– лікерр *m*	– ликёр *m*
– Rum	– ром *m*	– ром *m*
– Schnaps, Wodka	– горі́лка *f*	– во́дка *f*
– Whisky	– ві́скі *n*	– ви́ски *n*

Deutsch	Ukrainisch	Russisch
Geschirr, Essbesteck:	посуд *m*, столовий набір *m*:	посуда *f*, столовый прибор *m*:
– Gabel	– виделка *f*	– вилка *f*
– Glas	– склянка *f*	– стакан *m*
– Löffel	– ложка *f*	– ложка *f*
– Messer	– ніж *m*	– нож *m*
– Schüssel	– миска *f*	– миска *f*
– Tablett	– піднос *m*	– поднос *m*
– Tasse	– чашка *f*	– чашка *f*
– Teller	– тарілка *f*	– тарелка *f*
– Untertasse	– блюдце *n*	– блюдце *n*
Mittagessen	обід *m*	обед *m*
Vesper	підвечірок *m*	полудник *m*
Abendessen	вечеря *f*	ужин *m*
Restaurant	ресторан *m*	ресторан *m*
Café	кафе *n* / кав'ярня *f*	кафе *n*
Gaststätte, Kantine	їдальня *f*	столовая *f*
Bar	бар *m*	бар *m*
Selbstbedienung	самообслуговування *n*	самообслуживание *n*

Orientierung

Орієнтування

Ориентировка

Darf ich Sie etwas fragen?	Можна Вас запитати?	Можно Вас спросить?
Wie komme ich zur (zum) …	Як дістатися до …	Как добраться до …
– deutschen Botschaft?	– німецького посольства?	– немецкого посольства?
– … Straße?	– вулиці …?	– улицы …?
– Fußgängerzone?	– пішохідної зони?	– пешеходной зоны?
– Hotel …?	– готелю …?	– гостиницы …?
– Restaurant …?	– ресторану …?	– ресторана …?
– Theater …?	– театру …?	– театра …?
– Platz …?	– майдану …?	– площади …?
Sagen Sie bitte, wo ist die nächste …	Скажіть, будь ласка, де тут поблизу …	Скажите, пожалуйста, где здесь …
– Bank?	– банк?	– банк?
– Poststelle?	– пошта?	– почта?
– Polizeidienststelle?	– дільниця міліції?	– участок милиции?

Orientierung

Deutsch	Ukrainisch	Russisch
– Bushaltestelle?	– зупи́нка авто́буса?	– остано́вка авто́буса?
– Straßenbahn-haltestelle?	– зупи́нка трамва́я?	– остано́вка трамва́я?
– U-Bahn-Station?	– ста́нція метро́?	– ста́нция метро́?
Ich suche …	Я шука́ю …	Я ищу́ …
– ein Kaufhaus.	– універма́г.	– универма́г.
– einen Supermarkt.	– суперма́ркет.	– суперма́ркет.
– eine Toilette.	– туале́т.	– туале́т.
– das Haus Nr. …	– буди́нок но́мер …	– дом но́мер …
– die Auskunft.	– довідко́ве бюро́.	– спра́вочное бюро́.
– ein Internet-Café.	– інтерне́т-кафе́.	– интерне́т-кафе́.
Haben Sie einen Internet-Anschluss?	Ви ма́єте до́ступ до інтерне́ту?	У Вас есть до́ступ в интерне́т?
Ich möchte eine E-Mail senden.	Я хо́чу відпра́вити E-Mail.	Я хочу́ отпра́вить E-Mail.
Wo liegt …?	Де знахо́диться …?	Где нахо́дится …?
In welche Richtung soll ich gehen?	У яко́му напря́мку мені́ йти́?	В како́м направле́нии мне идти́?
Fragen Sie mich?	Ви мене́ пита́єте?	Вы меня́ спра́шиваете?
Gehen Sie …	Іді́ть …	Иди́те …
– geradeaus.	– пря́мо.	– пря́мо.
– bis zur Kreuzung.	– до перехре́стя.	– до перекрёстка.
– bis zur Ampel.	– до світлофо́ра.	– до светофо́ра.
– bis zur Brücke.	– до мо́сту.	– до моста́.
Biegen Sie …	Зверні́ть …	Поверни́те …
– nach rechts	– ліво́руч.	– нале́во.
– nach links ab.	– право́руч.	– напра́во.
Ich kenne den Weg (nicht).	Я зна́ю доро́гу (не зна́ю доро́ги).	Я (не) зна́ю доро́гу.
Ich bin …	Я …	Я …
– nicht von hier.	– не зві́дси.	– не ме́стный.
– Ausländer.	– іноземець.	– иностра́нец.
Ich verstehe Sie nicht. Wiederholen Sie bitte.	Я вас не розумі́ю. Повторі́ть, будь ла́ска.	Я вас не понима́ю. Повтори́те, пожа́луйста.
Ich habe mich verlaufen.	Я заблуди́в (заблуди́ла).	Я заблуди́лся (заблуди́лась).

Deutsch	Ukrainisch	Russisch
Haben Sie einen Stadtplan?	Ви маєте план (карту) міста?	У Вас есть план (карта) города?
Zeigen Sie es mir bitte auf dem Stadtplan.	Прошу показати мені це на карті.	Покажите мне это на карте.
Schreiben Sie mir bitte die Adresse auf.	Напишіть, будь ласка, адресу.	Напишите, пожалуйста, адрес.
Ist es weit von hier?	Це далеко звідси?	Это далеко отсюда?
Es ist ...	Це ...	Это ...
– (nicht) weit.	– (не)далеко.	– (не)далеко.
– links.	– ліворуч.	– слева.
– rechts.	– праворуч.	– справа.
– (direkt) vor Ihnen.	– (прямо) перед Вами.	– (прямо) перед Вами.
– an der Ecke.	– на розі.	– на углу.
– in der Ecke.	– в куті.	– в углу.
– um die Ecke.	– за рогом.	– за углом.
Wo ist hier der ...	Де тут ...	Где здесь ...
– Eingang?	– вхід?	– вход?
– Ausgang?	– вихід?	– выход?
– Durchgang?	– прохід?	– проход?
– Übergang?	– перехід?	– переход?
Wie heißt ...	Як називається ...	Как называется ...
– diese Straße?	– ця вулиця?	– эта улица?
– dieser Platz?	– ця площа (цей майдан)?	– эта площадь?
Wohin führt diese Straße?	Куди веде ця вулиця?	Куда ведёт эта улица?
Schild/er:	вивіска f / вивіски Pl:	вывеска f / вывески Pl:
– ... -Brücke	– Міст ...	– Мост ...
– ... -Denkmal	– Пам'ятник ...	– Памятник ...
– ... -Gasse	– Провулок ...	– Переулок ...
– ... -Platz	– Площа (Майдан) ...	– Площадь ...
– ... -Park	– Парк ...	– Парк ...
– ... -Straße	– Вулиця ...	– Улица ...
– Achtung!	– Увага!	– Внимание!
– Auskunft	– Довідкове бюро	– Справочное бюро
– Bahnhof	– Вокзал	– Вокзал
– Bank	– Банк	– Банк
– Bewachter Parkplatz	– Стоянка під охороною	– Стоянка под охраной

Deutsch	Ukrainisch	Russisch
– Bissiger Hund!	– Злий пес!	– Злая собака!
– Busbahnhof	– Автовокзал	– Автовокзал
– Durchfahrt verboten	– Проїзд заборонений	– Проезд воспрещён
– Erste Hilfe	– Швидка допомога	– Скорая помощь
– Feuerlöscher	– Вогнегасник	– Огнетушитель
– Fundbüro	– Бюро знахідок	– Бюро находок
– Fußgängertunnel	– Підземний перехід	– Подземный переход
– Fußgängerübergang	– Перехід	– Переход
– Fußgängerzone	– Пішохідна зона	– Пешеходная зона
– Geldautomat	– Банкомат	– Банкомат
– Geldwechselstelle	– Обмін валюти	– Обмен валюты
– Halt!	– Стій!	– Стой!
– Haltestelle	– Зупинка	– Остановка
– Halteverbot	– Зупинка заборонена	– Остановка запрещена
– Hauptbahnhof	– Головний вокзал	– Главный вокзал
– Hochspannung!	– Висока напруга!	– Высокое напряжение!
– Parkplatz	– Стоянка	– Стоянка
– Parkverbot	– Стоянка заборонена	– Стоянка запрещена
– Rauchen verboten!	– Палити заборонено! Не палити!	– Курить запрещается! Не курить!

Öffentliche Verkehrsmittel

Громадський транспорт

Общественный транспорт

Wo ist die nächste …	Де найближча …	Где ближайшая …
– Bushaltestelle?	– зупинка автобуса?	– остановка автобуса?
– Straßenbahnhaltestelle?	– зупинка трамвая?	– остановка трамвая?
– U-Bahn-Station?	– станція метро?	– станция метро?
Wie oft fahren …	Як часто ходять …	Как часто ходят …
– die Busse?	– автобуси?	– автобусы?
– die Züge?	– трамваї (поїзди)?	– трамваи (поезда)?
Wo ist der Fahrplan?	Де розклад руху?	Где расписание?
Welcher Bus fährt zum …	Який автобус іде до …	Какой автобус идёт …
– Bahnhof?	– вокзалу?	– к вокзалу?
– Flughafen?	– аеропорту?	– в аэропорт?

Öffentliche Verkehrsmittel

Deutsch	Ukrainisch	Russisch
Wo kann ich einen …	Де мо́жна купи́ти квито́к …	Где я могу́ купи́ть биле́т …
– Busfahrschein	– на авто́бус?	– на авто́бус?
– Bahnfahrschein	– на трамва́й (на електри́чку)?	– на трамва́й (на электри́чку)?
– U-Bahnfahrschein kaufen?	– на метро́?	– на метро́?
Was kostet eine Fahrkarte?	Скі́льки ко́штує квито́к?	Ско́лько сто́ит биле́т?
Wo ist hier ein Fahrscheinautomat?	Де тут автома́т для про́дажу квитків?	Где здесь автома́т для прода́жи биле́тов?
Wo kann ich wechseln?	Де мо́жна розміня́ти гро́ші?	Где мо́жно разменя́ть де́ньги?
Wo ist hier ein Münzwechselautomat?	Де тут автома́т для ро́зміну моне́т?	Где автома́т для разме́на моне́т?
Der Automat ist defekt.	Автома́т не прцю́є.	Автома́т не рабо́тает.
Einen Fahrschein (2 Fahrscheine) bitte!	Про́шу да́ти оди́н квито́к (два квитки́).	Пожа́луйста, оди́н биле́т (два биле́та).
Wie viele Haltestellen sind es von hier bis …?	Скі́льки зупи́нок до …?	Ско́лько остано́вок до …?
Wie heißt diese (die nächste) Haltestelle (Station)?	Як назива́ється ця (насту́пна) зупи́нка (ста́нція)?	Как называ́ется э́та (сле́дующая) остано́вка (ста́нция)?
Nächster Halt – …	Насту́пна зупи́нка – …	Сле́дующая остано́вка – …
Wo muss ich …	Де мені́ тре́ба …	Где мне ну́жно …
– aussteigen?	– ви́йти?	– вы́йти?
– umsteigen?	– пересі́сти?	– пересе́сть?
Steigen Sie aus?	Ви вихо́дите?	Вы выхо́дите?
Ich steige in der nächsten Station aus.	Я вихо́джу на насту́пній зупи́нці.	Я выхожу́ на сле́дующей остано́вке.
Stehen Sie bitte nicht im Durchgang.	Не сті́йте у прохо́ді.	Не сто́йте в прохо́де.
Gehen Sie bitte …	Про́шу прохо́дити …	Проходи́те …
– weiter.	– да́лі.	– да́льше.
– nach vorn.	– вперед.	– вперёд.
– nach hinten.	– в кіне́ць авто́буса (трамва́я).	– в коне́ц авто́буса (трамва́я).
– zum Ausgang.	– до ви́ходу.	– к вы́ходу.

Öffentliche Verkehrsmittel

Deutsch	Ukrainisch	Russisch
Wo ist …	Де…	Где…
– der Schaffner?	– кондуктор?	– кондуктор?
– der Kontrolleur?	– контролер?	– контролёр?
Hier ist mein Fahrschein.	Ось мій квиток.	Вот мой билет.
Ich kann meinen Fahrschein nicht finden.	Ніяк не можу знайти мій квиток.	Я не могу найти мой билет.
Ich habe meinen Fahrschein verloren.	Я загубив (загубила) квиток.	Я потерял (потеряла) билет.
Muss ich ein Bußgeld zahlen?	Я маю сплатити штраф?	Я должен (должна) заплатить штраф?
Taxi!	Таксі!	Такси!
Wo ist der nächste Taxistand?	Де тут зупинка таксі?	Где здесь стоянка такси?
Sind Sie frei?	Ви вільні?	Вы свободны?
Fahren Sie mich bitte …	Відвезіть мене…	Отвезите меня…
– ins Hotel …	– до готелю…	– в гостиницу…
– zu dieser Adresse.	– за цією адресою.	– по этому адресу.
– zum Bahnhof.	– до вокзалу.	– на вокзал.
– zum Flughafen.	– до аеропорту.	– в аэропорт.
– zur deutschen (österreichischen, schweizerischen) Botschaft.	– до німецького (австрійського, швейцарського) посольства.	– в немецкое (австрийское, швейцарское) посольство.
– zur Polizei.	– до міліції.	– в милицию.
Bitte etwas schneller!	Швидше, будь ласка!	Пожалуйста, поскорее!
Ich habe es eilig.	Я дуже поспішаю.	Я очень тороплюсь.
Vorne ist ein Stau.	Попереду затор.	Впереди пробка (затор).
Biegen Sie nach links (rechts) ab!	Зверніть ліворуч (праворуч)!	Поверните налево (направо)!
Fahren Sie geradeaus!	Їдьте прямо!	Едьте прямо!
Noch ein Stückchen!	Ще трохи!	Ещё немного!
Halten Sie bitte am Denkmal.	Прошу зупинитися біля пам'ятника.	Остановитесь у памятника.
Das ist die falsche Richtung!	Це не той напрямок!	Это не то направление!
Bitte kehren Sie um.	Прошу завернути назад.	Прошу повернуть обратно.

Öffentliche Verkehrsmittel

Deutsch	Ukrainisch	Russisch
Halten Sie bitte hier an.	Про́шу зупини́тися тут.	Останови́тесь здесь, пожа́луйста.
Warten Sie hier.	Почека́йте тут.	Подожди́те здесь.
Ich bin gleich wieder da.	Я за́раз поверну́сь.	Я ско́ро верну́сь.
Was bin ich Ihnen schuldig?	Скі́льки з ме́не?	Ско́лько с меня́?
Ich gehe zu Fuß weiter.	Да́лі я піду́ пі́шки.	Да́льше я пойду́ пешко́м.
Ich möchte ein Auto … – für zwei Tage – für eine Woche mieten.	Я хо́чу взя́ти … – на два дні – на ти́ждень маши́ну напрока́т.	Я хочу́ взять … – на два дня – на неде́лю маши́ну напрока́т.
Wie hoch ist die Kaution?	Яку́ заста́ву тре́ба внести́?	Како́й зало́г ну́жно внести́?
Was kostet die Versicherung?	Скі́льки кошту́є страхува́ння?	Ско́лько сто́ит страхова́ние?
Welche Autotypen haben Sie?	Які́ ти́пи маши́н Ви пропону́єте?	Каки́е ти́пы маши́н Вы предлага́ете?
Haben Sie ein … – größeres – kleineres – neueres Auto?	Ви не ма́єте … – бі́льшої – ме́ншої – нові́шої маши́ни?	У Вас нет маши́ны … – побо́льше? – поме́ньше? – поново́е?
Wann kann ich das Auto abholen?	Коли́ мо́жна забра́ти маши́ну?	Когда́ мо́жно забра́ть маши́ну?
Schild(er):	виві́ска *f* / виві́ски *Pl.*:	вы́веска *f* / вы́вески *Pl.*):
– Ausstieg	– Ви́хід	– Вы́ход
– Autovermietung	– Прока́т автомобі́лів	– Прока́т автомоби́лей
– Behindertenplätze	– Місця́ для інвалі́дів	– Места́ для инвали́дов
– Einstieg	– Вхід	– Вход
– Fahrbahn	– Проїзна́ части́на	– Прое́зжая часть
– Fahrkarten	– Квитки́	– Биле́ты
– Fahrkartenverkauf	– Про́даж квиткі́в (Ка́са)	– Прода́жа биле́тов (Ка́сса)
– Fahrplan	– Ро́зклад ру́ху (Гра́фік)	– Расписа́ние движе́ния (Гра́фик)
– Fußgängerweg	– Тротуа́р	– Тротуа́р
– Halt!	– Стій!	– Стой!

Deutsch	Ukrainisch	Russisch
– Haltestelle	– Зупинка	– Остановка
– Kreuzung	– Перехрестя	– Перекрёсток
– Kurve	– Поворот	– Поворот
– Notbremse	– Стоп-кран	– Стоп-кран
– Parkplatz	– Стоянка	– Стоянка
– Rolltreppe	– Ескалатор	– Эскалатор
– Schaffner	– Кондуктор	– Кондуктор
– U-Bahn-Station	– Станція метро	– Станция метро
Anhänger	причеп *m*	прицеп *m*
Boot	човен *m*	лодка *f*
Fahrrad	велосипед *m*, ровер *m*	велосипед *m*
Flugzeug	літак *m*	самолёт *m*
Hubschrauber	вертоліт *m*	вертолёт *m*
Lastwagen	вантажівка *f*	грузовик *m*
Motorrad	мотоцикл *m*	мотоцикл *m*
Motorroller	моторолер *m*	мотороллер *m*
O-Bus	тролейбус *m*	троллейбус *m*
Omnibus	автобус *m*	автобус *m*
PKW	легкова машина *f*	легковая машина *f*
S-Bahn	електричка *f*	электричка *f*
Schiff	корабель *m*	корабль *m*
Straßenbahn	трамвай *m*	трамвай *m*
U-Bahn	метро *n*	метро *n*
Zug	поїзд *m*, потяг *m*	поезд *m*

Kaufhaus | Універмаг | Универмаг

Gibt es hier in der Nähe ein …	Тут є десь поблизу …	Здесь есть где-то поблизости …
– Geschäft?	– магазин?	– магазин?
– Kaufhaus?	– універмаг?	– универмаг?
Wann wird das Geschäft geöffnet (geschlossen)?	Коли відчиняється (зачиняється) магазин?	Когда открывается (закрывается) магазин?
Wo kann man … kaufen?	Де можна купити …?	Где можно купить …?
Haben Sie …?	Ви маєте …? У Вас є …?	У Вас есть …?
Ich brauche …	Мені потрібен (потрібна) …	Мне нужен (нужна) …

Kaufhaus

Deutsch	Ukrainisch	Russisch
Ich möchte … kaufen.	Я хочу купити …	Я хочу купить …
Zeigen Sie mir bitte …	Прошу показати …	Покажите, пожалуйста, …
Darf ich bitte mal … sehen?	Можна подивитися на …?	Дайте, пожалуйста, посмотреть …
Kann ich bitte …	Можна …	Можно
– anprobieren?	– приміряти?	– примерить?
– in den Spiegel schauen?	– глянути в дзеркало?	– помотреть в зеркало?
Geben Sie mir bitte …	Дайте мені, будь ласка, …	Дайте мне, пожалуйста, …
Das …	Це …	Это …
– gefällt mir (nicht).	– мені (не) подобається.	– мне (не) нравится.
– ist mir zu teuer.	– занадто дорого.	– слишком дорого.
– passt mir nicht.	– мені (на мене) не підходить.	– мне не подходит.
Haben sie etwas …	Чи не маєте чогось …	У Вас нет …
– billigeres?	– дешевшого?	– подешевле?
– besseres?	– кращого?	– получше?
– größeres?	– більшого?	– побольше?
– kleineres?	– меншого?	– поменьше?
Darf ich das umtauschen?	Можна це обміняти?	Можно это обменять?
Ich nehme das.	Я беру це.	Я беру это.
Was kostet das?	Скільки це коштує?	Сколько это стоит?
Bekommen Sie das Geld oder muss ich zur Kasse?	Платити Вам чи в касу?	Платить Вам или в кассу?
Packen Sie das bitte ein.	Прошу це спакувати.	Упакуйте это, пожалуйста.
Abteilung im Kaufhaus:	відділ універмагу m:	отдел универмага m:
– Bettwäsche	– Постільна білизна	– Постельное бельё
– Drogerie	– Аптекарські та косметичні товари	– Аптекарские и косметические товары
– Haushaltswaren	– Господарчі товари	– Хозяйственные товары
– Konfektion	– Готовий одяг	– Готовая одежда

Deutsch	Ukrainisch	Russisch
– Kosmetik	– Косме́тика	– Косме́тика
– Kurzwaren	– Галантере́я	– Галанте́рея
– Lederwaren	– Шкіргалантере́я	– Кожгалантере́я
– Parfümerie	– Парфюме́рія	– Парфюме́рия
– Schmuck	– Прикра́си / Ювелі́рні ви́роби	– Украше́ния / Ювели́рные изде́лия
– Schreibwaren	– Канцтова́ри	– Канцтова́ры
– Schuhe	– Взуття́	– О́бувь
– Souvenirs	– Сувені́ри	– Сувени́ры
– Spielwaren	– І́грашки	– Игру́шки
– Sportwaren	– Спорттова́ри	– Спорттова́ры
– Stoffe	– Ткани́ни	– Тка́ни
– Uhren	– Годи́нники	– Часы́
An- & Verkauf	Комісі́йний магази́н	Комиссио́нный магази́н
Bücher	Книжки́ / Книга́рня	Кни́ги / Кни́жный магази́н
Zeitungen, Zeitschriften	Газе́ти, журна́ли	Газе́ты, журна́лы

Lebensmittel-geschäft	**Продукто́вий магази́н**	**Продово́льствен-ный магази́н**
Gibt es hier in der Nähe ...	Тут є десь поблизу́ ...	Есть ли здесь поблизости ...
– einen Supermarkt?	– суперма́ркет?	– суперма́ркет?
– einen Feinkostladen?	– гастроно́м?	– гастроно́м?
– ein Lebensmittel-geschäft?	– продукто́вий магази́н?	– продово́льственный магази́н?
Gibt es hier auch ...	Чи тут є ...	Здесь есть ...
– Backwaren?	– хліб / хлі́бо-бу́лочні ви́роби?	– хлеб / бу́лочная / хле́бные изде́лия?
– Diätprodukte?	– дієти́чні проду́кти?	– диети́ческие проду́кты?
– Spirituosen?	– спиртні́ напо́ї?	– спиртны́е напи́тки?
– Tabakwaren?	– тютюно́ві ви́роби?	– таба́чные изде́лия?
Ist ...	Чи ...	
– das Brot (der Käse)	– хліб (сир) сві́жий?	Хлеб (сыр) све́жий?
– die Wurst (der Fisch)	– ковбаса́ (ри́ба) сві́жа?	Колбаса́ (ры́ба) све́жая?

Deutsch	Ukrainisch	Russisch
– die Milch (die Butter) frisch?	– молоко́ (ма́сло) сві́же?	Молоко́ (ма́сло) све́жее?
Der Fisch ist …	Ри́ба …	Ры́ба …
– frisch.	– сві́жа.	– све́жая.
– tiefgefroren.	– моро́жена.	– моро́женная.
Was kostet …	Скі́льки кошту́є …	Ско́лько сто́ит …
– ein Stück …?	– шмато́к …?	– кусо́к …?
– ein Kilo …?	– кілогра́м …?	– килогра́мм …?
– ein Liter …?	– літр …?	– литр …?
– eine Packung …?	– па́чка …?	– па́чка …?
– eine Schachtel …?	– коро́бка …?	– коро́бка …?
– eine Flasche …?	– пля́шка …?	– буты́лка …?
– ein Glas (eine Dose) …?	– ба́нка …?	– ба́нка …?
Geben Sie mir bitte …	Да́йте, будь ла́ска, …	Да́йте, пожа́луйста, …
– 100 Gramm …	– сто гра́мів …	– сто грамм …
– 1 Kilo …	– кілогра́м …	– килогра́мм …
– 2 (3) Scheiben …	– дві (три) ски́бки …	– два (три) ло́мтика …
– 1 (2) Flaschen …	– одну́ пля́шку (дві пля́шки) …	– одну́ буты́лку (две буты́лки) …
– 1 (2) Dosen …	– одну́ ба́нку (дві ба́нки) …	– одну́ ба́нку (две ба́нки) …
Wie viel wiegt das?	Скі́льки це ва́жить?	Ско́лько э́то ве́сит?
Wo ist hier …	Де тут …	Где здесь …
– die Waage?	– вага́?	– весы́?
– die Kasse?	– ка́са?	– ка́сса?
– der Verkäufer?	– продаве́ць?	– продаве́ц?
– der Kundendienst?	– бюро́ обслуго́вування?	– бюро́ обслу́живания?
Feinkost Fischgeschäft	Гастроно́мі́я Ри́ба / Ри́бні проду́кти	Гастроно́мия Ры́ба / Ры́бные проду́кты
Konditorei Metzgerei	Конди́терська М'я́со / М'ясні́ проду́кти	Конди́терская Мя́со / Мясны́е проду́кты
Milchprodukte / Milchgeschäft	Молоко́ / Моло́чні проду́кти	Молоко́ / Моло́чные проду́кты
Obst und Gemüse	Фру́кти та о́вочі	Фру́кты и о́вощи
Supermarkt	Супермарке́т	Супермарке́т

Deutsch	Ukrainisch	Russisch
Wurst	Ковбаса́ / Ковба́сні ви́роби	Колбаса́ / Колба́сные изде́лия
Bargeld	готі́вка f	нали́чные Pl.
Geld	гро́ші Pl.	де́ньги Pl.
Geldbörse	гамане́ць m	кошелёк m
Geldschein	купю́ра f	купю́ра f
Kassenzettel	ка́совий тало́н m	ка́ссовый тало́н m
Kreditkarte	креди́тна ка́ртка f	креди́тная ка́рта f
Münze	моне́та f	моне́та f
Preis	ціна́ f	цена́ f
Wechselgeld, Rest	зда́ча f	сда́ча f

Post / По́шта / По́чта

Deutsch	Ukrainisch	Russisch
Wo ist hier ...	Де тут побли́зу ...	Где здесь ...
– die Post?	– по́шта?	– по́чта?
– ein Briefkasten?	– пошто́ва скри́нька?	– почто́вый я́щик?
Ich möchte ...	Я хо́чу відпра́вити ...	Я хочу́ отпра́вить ...
– einen Brief	– лист.	– письмо́.
– eine Karte	– листі́вку.	– откры́тку.
– ein Telegramm	– телегра́му.	– телегра́мму.
– ein Paket	– поси́лку.	– посы́лку.
– ein Päckchen (eine Drucksache) abschicken.	– бандеро́ль.	– бандеро́ль.
Ich möchte diesen Brief ...	Я хо́чу відпра́вити цей лист ...	Я хочу́ отпра́вить это письмо́ ...
– mit einfacher Post	– звича́йною	– обы́чной
– per Express	– термінóвою	– сро́чной
– per Einschreiben	– рекомендо́ваною по́штою.	– заказно́й по́чтой.
– mit Luftpost senden.	– авіапо́штою.	– авиапо́чтой.
Kann ich hier ...	Тут мо́жна ...	Здесь мо́жно ...
– ein Paket abholen?	– отри́мати поси́лку?	– получи́ть посы́лку?
– Geld überweisen?	– зроби́ти грошови́й перека́з?	– отпра́вить де́нежный перево́д?
– eine Geldüberweisung erhalten?	– оде́ржати грошови́й перека́з?	– получи́ть де́нежный перево́д?

Deutsch	Ukrainisch	Russisch
Darf ich bitte das Formular haben?	Ви мо́жете мені́ да́ти бланк?	Вы мо́жете мне дать бланк?
Ich brauche ein Formular.	Мені́ потрі́бен бланк.	Мне ну́жен бланк.
Soll ich mit Druckbuchstaben schreiben?	Писа́ти друко́ваними лі́терами?	Писа́ть печа́тными бу́квами?
Habe ich das Formular richtig ausgefüllt?	Я пра́вильно запо́внив (запо́внила) бланк?	Я пра́вильно запо́лнил (запо́лнила) бланк?
Hier ist ...	Тут ...	Здесь ...
– der Name des Empfängers (des Absenders).	– прі́звище отри́мувача (відпра́вника).	– фами́лия адреса́та (отправи́теля).
– die Anschrift.	– адре́са.	– а́дрес.
Wie schwer darf ...	Яку́ вагу́ мо́же ма́ти ...	Како́й вес мо́жет име́ть ...
– der Brief	– лист?	– письмо́?
– das Paket	– поси́лка?	– посы́лка?
– das Päckchen sein?	– бандеро́ль?	– бандеро́ль?
Ich möchte eine Quittung haben. Bitte ...	Да́йте, будь ла́ска, квита́нцію. Про́шу да́ти ...	Да́йте, пожа́луйста, квита́нцию. Бу́дьте добры́, ...
– einen Umschlag (2, 5 Umschläge).	– оди́н конве́рт (два конве́рти, п'ять конве́ртів).	– оди́н конве́рт (два конве́рта, пять конве́ртов).
– eine Briefmarke (2, 5 Briefmarken).	– одну́ ма́рку (дві ма́рки, п'ять ма́рок).	– одну́ ма́рку (две ма́рки, пять ма́рок).
– ein Geldüberweisungsformular.	– бланк грошово́го перека́зу.	– бланк де́нежного перево́да.
Gibt es für mich postlagernde Briefe?	Для ме́не є листи́ до ви́моги?	Для меня́ есть пи́сьма до востре́бования?
Haben Sie Post auf diesen Namen?	Ви ма́єте по́шту на це ім'я́?	У Вас есть по́чта на э́то и́мя?

Deutsch	Ukrainisch	Russisch
Panne, Unfall	**Аварія, нещасний випадок**	**Авария, несчастный случай**
Ich habe eine Panne.	У мене трапилась аварія.	У меня авария.
Ich hatte einen Unfall.	Я мав нещасний випадок.	Произошёл несчастный случай.
Mein Wagen ist kaputt.	Моя машина зламалась.	Моя машина сломалась.
Ich habe kein Benzin.	У мене скінчився бензин.	У меня кончился бензин.
Der Motor springt nicht an.	Мотор не заводиться.	Мотор не заводится.
Rufen Sie …	Прошу викликати …	Вызовите, пожалуйста, …
– die Polizei!	– міліцію!	– милицию!
– den Rettungswagen!	– швидку допомогу!	– скорую помощь!
– den Pannendienst!	– технічну допомогу (аварійную службу)!	– техническую помощь (аварийную службу)!
– den Abschleppdienst!	– буксир!	– буксир!
Bitte helfen Sie mir!	Допоможіть мені!	Помогите мне!
Können Sie …	Ви можете …	Вы можете …
– die erste Hilfe leisten?	– надати першу медичну допомогу?	– оказать первую медицинскую помощь?
– sich um die Verletzten kümmern?	– допомогти потерпілим?	– позаботиться о пострадавших?
– mich mitnehmen?	– взяти мене з собою?	– взять меня с собой?
– mich zur Polizei (ins Krankenhaus) bringen?	– підвезти мене до міліції (до лікарні)?	– подвезти меня в милицию (в больницу)?
Mein Wagen ist ins Schleudern geraten.	Мою машину занесло.	Мою машину занесло.
Dieser Wagen …	Ця машина …	Эта машина …
– hat plötzlich gebremst.	– раптово загальмувала.	– неожиданно затормозила.
– wollte mich überholen.	– намагалася мене обігнати.	– пыталась меня обогнать.

Deutsch	Ukrainisch	Russisch
– ist zu schnell gefahren.	– їхала з перевищеною швидкістю.	– ехала с повышенной скоростью.
– hat bei Rot nicht gehalten.	– не зупинилася на червоне світло.	– не остановилась на красный свет.
– ist ohne Licht gefahren.	– їхала з виключеними фарами.	– ехала с выключенными фарами.
Es gibt Verletzte.	Є потерпілі.	Есть пострадавшие.
Es ist niemand verletzt.	Потерпілих немає.	Пострадавших нет.
Es gibt einen Blechschaden.	Пошкоджений кузов.	Повреждён кузов.
Geben Sie mir …	Прошу мені назвати …	Прошу назвать …
– Ihre Personalien.	– Ваше прізвище та ім'я.	– Вашу фамилию и имя.
– Ihre Adresse.	– Вашу адресу.	– Ваш адрес.
– die Versicherungsnummer.	– номер Вашого страхового посвідчення.	– номер Вашего страхового удостоверения.

Polizei / Міліція / Милиция

Polizei!	Міліція!	Милиция!
Rufen Sie …	Викличте …	Вызовите …
– die Polizei!	– міліцію!	– милицию!
– die Verkehrspolizei!	– патруль ДАІ!	– патруль ГАИ!
Bringen Sie mich zur Polizei!	Відвезіть мене в міліцію!	Отвезите меня в милицию!
Ich möchte …	Я хочу зробити заяву про …	Я хочу заявить …
– einen Diebstahl	– крадіжку.	– о краже.
– einen Überfall melden.	– напад.	– о нападении.
Ich wurde verletzt.	Мене поранено.	Я ранен (ранена).
Mein(e) …	У мене вкрали …	У меня украли …
– Pass	– паспорт.	– паспорт.
– Geld	– гроші.	– деньги.
– Kreditkarte	– кредитну картку.	– кредитную карту.
– Handtasche	– сумку.	– сумку.
– Fotoapparat	– фотоапарат.	– фотоаппарат.
– Koffer	– валізу.	– чемодан.

Polizei

Deutsch	Ukrainisch	Russisch
– Autopapiere	– документи на машину.	– документы на машину.
– Wagenschlüssel wurde(n) gestohlen.	– ключ від машини.	– ключ от машины.
Mein Auto wurde aufgebrochen.	У мене в машині виламано двері.	У меня взломали машину.
Das Auto wurde …	Машину …	Машину …
– beschädigt.	– пошкоджено.	– повредили.
– gestohlen.	– викрадено.	– украли.
Dieser Mann (diese Frau) …	Цей чоловік (ця жінка) …	Этот мужчина (эта женщина) …
– belästigt mich.	– до мене присікується (чіпляється).	– меня беспокоит (ко мне пристаёт).
– verfolgt mich.	– мене переслідує.	– меня преследует.
Ich möchte …	Я хочу …	Я хочу …
– eine Anzeige erstatten.	– подати заяву в міліцію.	– подать заявление в милицию.
– einen Anwalt sprechen.	– зв'язатися з адвокатом.	– связаться с адвокатом.
– meinen Konsul anrufen.	– зателефонувати моєму консулові.	– позвонить моему консулу.
Ich bin …	Я …	Я …
– Ausländer(in).	– іноземець (іноземка).	– иностранец (иностранка).
– Deutsche/r.	– німець (німкеня).	– немец (немка).
– Österreicher(in).	– австрієць (австрійка).	– австриец (австрийка).
– Schweizer(in).	– швейцарець (швейцарка).	– швейцарец (швейцарка).
Ich verstehe Sie schlecht.	Я Вас погано розумію.	Я Вас плохо понимаю.
Ich bitte um einen Dolmetscher.	Прошу покликати перекладача.	Прошу позвать переводчика.
Ich …	Я …	Я …
– habe Zeugen.	– маю свідків.	– имею свидетелей.
– bin unschuldig.	– не винен (винна).	– не виноват (виновата).
– habe nichts getan.	– нічого не зробив (зробила).	– ничего не сделал (сделала).

Deutsch	Ukrainisch	Russisch
– habe niemanden (nichts) gesehen.	– нікого (нічого) не бачив (бачила).	– никого (ничего) не видел (видела).
– habe mit der Sache nichts zu tun.	– не маю до цієї справи жодного відношення.	– не имею к этому делу никакого отношения.
Das weiß ich nicht.	Не знаю.	Не знаю.
Das stimmt nicht.	Це неправда.	Это неправда.
Schreiben Sie das bitte auf.	Прошу це записати.	Прошу это записать.
Kann ich Ihren Chef sprechen?	Я хочу говорити з Вашим начальником!	Я хочу говорить с Вашим начальником!
Wir müssen ...	Ми мусимо ...	Нам надо ...
– die Zeugen befragen.	– допитати свідків.	– допросить свидетелей.
– ein Protokoll aufnehmen.	– скласти протокол.	– составить протокол.
Wie ist ...		
– Ihr Name?	Як Ваше прізвище?	Как Ваша фамилия?
– Ihre Adresse?	Яка Ваша адреса?	Какой Ваш адрес?
Zeigen Sie ihren Ausweis!	Покажіть Ваш паспорт!	Покажите Ваш паспорт!
Kennen Sie ...	Ви знаєте ...	Вы знаете ...
– diesen Mann?	– цього чоловіка?	– этого мужчину?
– diese Frau?	– цю жінку?	– эту женщину?
Ja, ich kenne ihn (sie).	Так, знаю.	Да, знаю.
Nein, ich kenne ihn (sie) nicht.	Ні, не знаю.	Нет, не знаю.
Ich habe ihn (sie) nie zuvor gesehen.	Я його (її) ще ніколи не бачив (бачила).	Я его (её) ещё никогда не видел (видела).
Ich war den ganzen Tag ...	Я був (була) цілий день ...	Я был (была) весь день ...
– im Hotel.	– у готелі.	– в гостинице.
– im Büro.	– в офісі.	– в офисе.
– zu Hause.	– вдома.	– дома.
Ist das der ...	Це ...	Это ...
– Zeuge?	– свідок?	– свидетель?
– Verbrecher?	– злочинець?	– преступник?
– Dieb?	– крадій (злодій)?	– вор?
– Einbrecher?	– грабіжник?	– взломщик?

Deutsch	Ukrainisch	Russisch
Bitte unterschreiben Sie hier.	Прошу підписати тут.	Пожалуйста, распишитесь здесь.
Wie lange soll ich hier bleiben?	Як довго мені ще тут бути?	Сколько времени мне ещё нужно здесь быть?
Kann ich schon gehen?	Я вже можу йти?	Я уже могу идти?
Bin ich frei?	Я вільний (вільна)?	Я свободен (свободна)?

Medizinische Hilfe / Медична допомога / Медицинская помощь

Deutsch	Ukrainisch	Russisch
Ich bin krank.	Я хворий (хвора).	Я болен (больна).
Ich fühle mich nicht wohl.	Я погано себе почуваю.	Я плохо себя чувствую.
Mir ist schlecht.	Мені погано.	Мне плохо.
Mir ist übel.	Мене нудить.	Меня тошнит.
Helfen Sie mir!	Допоможіть мені!	Помогите мне!
Ist hier ein Arzt in der Nähe?	Тут є лікар?	Здесь есть врач?
Rufen Sie bitte …	Прошу викликати ...	Вызовите, пожалуйста,
– einen Arzt.	– лікаря.	– врача.
– einen Krankenwagen.	– швидку допомогу.	– скорую помощь.
Bringen Sie mich ins nächste Krankenhaus.	Відвезіть мене в найближчу лікарню.	Отвезите меня в ближайшую больницу.
Wo ist das (die) nächste …	Де тут поблизу ...	Где здесь ближайшая ...
– Krankenhaus?	– лікарня?	– больница?
– Poliklinik?	– поліклініка?	– поликлиника?
Ich möchte mich beim Arzt … anmelden.	Я б хотів (хотіла) записатися на прийом до лікаря ...	Я хотел (хотела) бы записаться на приём к доктору ...
Ich habe mich erkältet.	Я застудився (застудилась).	Я простудился (простудилась).
Ich habe (mein Mann / meine Frau hat) …	У мене (мого чоловіка / моєї дружини) ...	У меня (моего мужа / моей жены) ...
– Husten.	– кашель.	– кашель.
– Schnupfen.	– нежить.	– насморк.
– erhöhte Temperatur.	– підвищена температура.	– повышенная температура.

Medizinische Hilfe

Deutsch	Ukrainisch	Russisch
– Fieber.	– гаря́чка.	– жар.
– Schüttelfrost.	– лихома́нка.	– лихора́дка.
– eine Vergiftung.	– отру́єння.	– отравле́ние.
– einen Herzanfall.	– серце́вий на́пад.	– серде́чный при́ступ.
Ich habe hier Schmerzen.	У ме́не боли́ть тут.	У меня́ боли́т здесь.
Hier tut es weh.	Тут боли́ть.	Здесь боли́т.
Ich habe …	У ме́не боли́ть …	У меня́ боли́т …
– Kopf-	– голова́.	– голова́.
– Hals-	– го́рло.	– го́рло.
– Bauch-	– живі́т.	– живо́т.
– Herz-	– се́рце.	– се́рдце.
– Rücken-	– спина́.	– спина́.
– Zahn- …schmerzen.	– зуб.	– зуб.
Mir tut …	У ме́не боли́ть …	У меня́ боли́т …
– das Bein (der Fuß)	– нога́.	– нога́.
– der Arm (die Hand)	– рука́.	– рука́.
– der Finger (der Zeh) weh.	– па́лець.	– па́лец.
Ich habe mir …	Я пора́нив (пора́нила) …	Я пора́нил (пора́нила) …
– den Fuß (das Bein)	– но́гу.	– но́гу.
– die Hand (den Arm)	– ру́ку.	– ру́ку.
– einen Zeh (Finger) verletzt.	– па́лець.	– па́лец.
Ich habe …	У ме́не …	У меня́ …
– einen Knochenbruch.	– перело́м.	– перело́м.
– eine Sehnenzerrung.	– ро́зтяг.	– растяже́ние.
– eine Verbrennung.	– опі́к.	– ожо́г.
– eine Lebensmittelvergiftung.	– харчове́ отру́єння.	– пищево́е отравле́ние.
Mir ist …	У ме́не …	У меня́ …
– die Zahnfüllung herausgefallen.	– ви́пала пло́мба.	– вы́пала пло́мба.
– ein Zahn abgebrochen.	– злама́вся зуб.	– слома́лся зуб.
– eine Krone zerbrochen.	– злама́лась коро́нка.	– слома́лась коро́нка.

Medizinische Hilfe

Deutsch	Ukrainisch	Russisch
Ich bin gegen …	У мене алергія на …	У меня аллергия на …
– Düfte	– запахи.	– запахи.
– Blüten	– цвітіння.	– цветение.
– einige Medikamente allergisch.	– певні ліки.	У меня лекарственная аллергия.
Ich bin Diabetiker.	У мене діабет.	У меня диабет.
Ich leide unter Bluthochdruck.	У мене високий тиск.	У меня высокое давление.
Ich bin (meine Frau ist) schwanger.	Я (моя жінка) вагітна.	Я (моя жена) беременна.
Meine Frau … Mein Kind … Mein Mann … ist krank.	Моя жінка хвора. Моя дитина хвора. Мій чоловік хворий.	Моя жена больна. Мой ребёнок болен. Мой муж болен.
Doktor, ist das gefährlich?	Пане докторе, це небезпечно?	Доктор, это опасно?
Welche Diagnose stellen Sie mir?	Який діагноз Ви мені ставите?	Какой диагноз Вы мне ставите?
Wie heißt diese Krankheit?	Як називається ця хвороба?	Как называется эта болезнь?
Welche Arznei empfehlen Sie?	Які ліки Ви пропонуєте?	Какие лекарства Вы рекомендуете?
Wie soll ich diese Arznei nehmen?	Як приймати ці ліки?	Как принимать это лекарство?
Einmal (zweimal, dreimal) täglich …	Один раз (двічі, тричі) на день …	Один раз (два, три раза) в день …
– einen Esslöffel (Teelöffel)	– по столовій (чайній) ложці	– по столовой (чайной) ложке
– vor (nach) dem Essen.	– перед споживанням (після споживання) їжі.	– перед едой (после еды).
Muss ich Sie noch einmal aufsuchen?	Я мушу ще раз прийти на прийом?	Мне нужно прийти на приём ещё раз?
Ich fühle mich etwas (viel, wesentlich) besser.	Я почуваю себе трохи (набагато, значно) краще.	Я чувствую себя немного (намного, значительно) лучше.
Ich danke Ihnen, Herr (Frau) Doktor. Sie sind gesund.	Дякую, пане докторе (пані доктор). Ви здорові.	Большое спасибо, доктор. Вы здоровы.

Medizinische Hilfe

Deutsch	*Ukrainisch*	*Russisch*
Was bin ich Ihnen schuldig?	Скільки я маю Вам заплатити?	Сколько я должен Вам заплатить?
Ich habe eine Krankenversicherung.	Я маю медичну страховку.	У меня медицинская страховка.
Ich bin versichert.	Я застрахований (застархована).	Я застрахован (застрахована).
medizinisches Personal:	медичний персонал *m*:	медицинский персонал *m*:
– Arzt	– лікар *m f*	– врач *m f*
– Augenarzt	– окуліст *m f*	– окулист *m f*
– Frauenarzt	– гінеколог *m f*	– гинеколог *m f*
– Hals-Nasen-Ohrenarzt	– отоларинголог *m f*	– отоларинголог *m f*
– Internist	– терапевт *m f*	– терапевт *m f*
– Kinderarzt	– педіатр *m f*	– педиатр *m f*
– Krankenschwester	– медсестра *f*	– медсестра *f*
– Neurologe	– невропатолог *m f*	– невропатолог *m f*
– Sanitäter / Pfleger	– санітар *m f*	– санитар *m f*
der menschliche Körper:	людський організм *m*:	человеческий организм *m*:
– Arm (Hand)	– рука *f*	– рука *f*
– Auge(n)	– око *n* / очі *Pl.*	– глаз *m* / глаза *Pl.*
– Bauch	– живіт *m*	– живот *m*
– Bein (Fuß)	– нога *f*	– нога *f*
– Blase	– сечовий міхур *m*	– мочевой пузырь *m*
– Blut	– кров *f*	– кровь *f*
– Darm	– кишківник *m*	– кишечник *m*
– Ellenbogen	– лікоть *m*	– локоть *m*
– Finger (Zeh)	– палець *m*	– палец *m*
– Hals	– горло *n* / шия *f*	– горло *n* / шея *f*
– Haut	– шкіра *f*	– кожа *f*
– Herz	– серце *n*	– сердце *n*
– Knie	– коліно *n*	– колено *n*
– Knochen	– кість *f*	– кость *f*
– Kopf	– голова *f*	– голова *f*
– Leber	– печінка *f*	– печень *f*
– Lunge(n)	– легеня *f* / легені *Pl.*	– лёгкое *n* / лёгкие *Pl.*
– Magen	– шлунок *m*	– желудок *m*
– Mund	– рот *m*	– рот *m*
– Muskel	– м'яз *m*	– мышца *f*

Medizinische Hilfe

Deutsch	Ukrainisch	Russisch
– Niere(n)	– ни́рка *f* / ни́рки *Pl.*	– по́чка *f* / по́чки *Pl.*
– Ohr(en)	– ву́хо *n* / ву́ха *Pl.*	– у́хо *n* / у́ши *Pl.*
– Rücken	– спина́ *f* / крижі́ *Pl.*	– спина́ *f* / поясни́ца *f*
– Zahn (Zähne)	– зуб *m* / зу́би *Pl.*	– зуб *m* / зу́бы *Pl.*
– Zunge	– язи́к *m*	– язы́к *m*
Appetitlosigkeit	брак апети́ту *f*	отсу́тствие аппети́та *n*
Schlaflosigkeit	безсо́ння *n*	бессо́нница *f*
Schmerz	біль *m*	боль *f*
Schwäche	сла́бість *f*	сла́бость *f*
Krankheit / Erkrankung:	хворо́ба *f* / захво́рювання *n*:	боле́знь *f* / заболева́ние *n*:
– Angina	– ангі́на *f*	– ангі́на *f*
– Durchfall	– діаре́я *f*, проно́с *m*	– диаре́я *f*, поно́с *m*
– Entzündung	– запа́лення *n*	– воспале́ние *n*
– Erbrechen	– блюво́та *f*	– рво́та *f*
– Erkältung	– засту́да *f*	– просту́да *f*
– Grippe	– грип *m*	– грипп *m*
– Herzanfall	– серце́вий на́пад *m*	– серде́чный при́ступ *m*
– Husten	– ка́шель *m*	– ка́шель *m*
– Infektionskrankheit	– інфекці́йне захво́рювання *n*	– инфекцио́нное заболева́ние *n*
– Lungenentzündung	– запа́лення леге́нів *n*	– воспале́ние лёгких *n*
– Magengeschwür	– ви́разка шлу́нку *f*	– я́зва желу́дка *f*
– Verbrennung	– опі́к *m*	– ожо́г *m*
– Vergiftung	– отру́єння *n*	– отравле́ние *n*
– AIDS	– СНІД *m*	– СПИД *m*
– Cholera	– холе́ра *f*	– холе́ра *f*
– HIV-Infektion	– ВІЛ-інфе́кція *f*	– ВИЧ-инфе́кция *f*
– Masern	– кір *m*	– корь *f*
– Milzbrand	– сибі́рська ви́разка *f*	– сиби́рская я́зва *f*
– Mumps	– сви́нка *f*	– сви́нка *f*
– Pest	– чума́ *f*	– чума́ *f*
– Pocken	– ві́спа *f*	– о́спа *f*
– Ruhr	– дизентері́я *f*	– дизентери́я *f*
– Scharlach	– скарлати́на *f*	– скарлати́на *f*
– Vogelgrippe	– пташи́ний грип *m*	– пти́чий грипп *m*

Apotheke

Deutsch	Ukrainisch	Russisch
Apotheke	**Апте́ка**	**Апте́ка**
Wo ist die nächste Apotheke?	Де тут поблизу́ апте́ка?	Где ближа́йшая апте́ка?
Dieses Medikament bitte.	Про́шу да́ти ці лі́ки.	Да́йте, пожа́луйста, э́то лека́рство.
Geben Sie mir bitte etwas gegen ...	Да́йте мені́, будь ла́ска щось від ...	Да́йте мне, пожа́луйста что-нибу́дь от ...
– Kopfschmerzen.	– головно́го бо́лю.	– головно́й бо́ли.
– Schnupfen.	– не́житю.	– на́сморка.
– Husten.	– ка́шлю.	– ка́шля.
– Magenverstimmung.	– ро́зладу шлу́нку.	– расстро́йства желу́дка.
– Durchfall.	– діаре́ї (проно́су).	– диаре́и (поно́са).
– Übelkeit.	– нудоти́.	– тошноты́.
– Sodbrennen.	– печі́ї.	– изжо́ги.
Bitte geben Sie mir irgend ein ...	Про́шу да́ти мені́ яки́йсь ...	Да́йте, пожа́луйста, како́е-нибу́дь
– Schmerz-	– знебо́люючий	– обезбо́ливающее
– Beruhigungs-	– заспокі́йливий	– успокои́тельное
– Schlaf-	– сноді́йний	– снотво́рное
...mittel.	за́сіб.	сре́дство.
Ist diese Arznei rezeptfrei?	Чи мо́жна купи́ти ці лі́ки без реце́пту?	Мо́жно ли купи́ть э́то лека́рство без реце́пта?
Wann wird die Arznei fertig?	Коли́ лі́ки бу́дуть гото́ві?	Когда́ лека́рство бу́дет гото́во?
Wie nimmt man diese Arznei ein?	Як прийма́ти ці лі́ки?	Как принима́ть э́то лека́рство?
Geben Sie mir bitte eine Gebrauchsanweisung.	Да́йте, будь ла́ска, інстру́кцію.	Да́йте, пожа́луйста, инстру́кцию.
Ich brauche ...	Мені́ ...	Мне ...
– ein Pflaster.	– потрі́бен пла́стир.	– ну́жен пла́стырь.
– eine Binde.	– потрі́бен бинт.	– ну́жен бинт.
– eine Salbe.	– потрі́бна мазь.	– нужна́ мазь.
Was kosten diese ...	Скі́льки кошту́ють ці ...	Ско́лько стоя́т э́ти ...
– Tabletten?	– табле́тки?	– табле́тки?
– Tropfen?	– кра́плі?	– ка́пли?

Deutsch	Ukrainisch	Russisch
Telefonieren	**Розмо́ва по телефо́ну**	**Разгово́р по телефо́ну**
Hallo!	Алло́!	Алло́!
Ich höre!	Слу́хаю!	Слу́шаю!
Wer ist dort?	Хто це гово́рить?	Кто у телефо́на?
Hier spricht …	З Ва́ми гово́рить …	С Ва́ми говори́т …
Hier ist …	Це …	У телефо́на …
		Э́то …
Entschuldigen Sie die Störung.	Ви́бачте за турбо́ту. Дару́йте, що турбу́ю Вас.	Извини́те за беспоко́йство.
Könnte ich bitte Herrn (Frau) … sprechen?	Мо́жна попроси́ти до телефо́ну па́на (па́ні) …?	Попроси́те, пожа́луйста, к телефо́ну господи́на (госпожу́) …
Ich möchte bitte … sprechen.	Я б хоті́в (хоті́ла) поговори́ти з …	Я хоте́л (хоте́ла) бы поговори́ть с …
Moment, bitte!	Про́шу почека́ти хвили́ночку!	Подожди́те мину́точку!
Legen Sie bitte nicht auf.	Не кладі́ть тру́бку.	Не клади́те тру́бку.
Telefon für Sie (dich)!	Вас (тебе́) до телефо́ну!	Вас (тебя́) к телефо́ну!
Er (sie) ist leider nicht da.	На жаль, його́ (її́) нема́є.	К сожале́нию, его́ (её) нет.
Rufen Sie bitte noch einmal …	Передзвоні́ть, будь ла́ска, …	Перезвони́те, пожа́луйста, …
– morgen	– за́втра.	– за́втра.
– in einer Stunde	– за годи́ну.	– че́рез час.
– um … Uhr an.	– о … годи́ні.	– в … часо́в.
Kann ich etwas ausrichten?	Щось йому́ (їй) переказа́ти?	Что-нибу́дь переда́ть?
Könnten Sie ihm (ihr) etwas ausrichten?	Чи не могли́ б Ви йому́ (їй) де́що переказа́ти?	Не могли́ бы Вы ему́ (ей) ко́е-что переда́ть?
Richten Sie ihm (ihr) bitte aus, dass Herr (Frau) … angerufen hat.	Перека́жіть йому́ (їй), будь ла́ска, що дзвони́в пан (дзвони́ла па́ні) …	Переда́йте ему́ (ей), пожа́луйста, что звони́л господи́н (звони́ла госпожа́) …

Deutsch	Ukrainisch	Russisch
Könnten Sie ihn (sie) bitten, dass er (sie) mich – zu Hause – im Büro – um ... Uhr – unter der Nummer ... anruft?	Попросіть його (її) подзвонити мені ... – додому. – до офісу. – о ... годині. – за номером ...	Попросите его (её) позвонить мне ... – домой. – в офис. – в ... часов. – по номеру ...
Ist da Ihr Handy?	Це Ваш мобільний телефон?	Это ваш мобильный телефон?
Darf ich Ihr Telefon benutzen?	Можна мені скористуватися Вашим телефоном?	Можно, я воспользуюсь Вашим телефоном?
Ja, bitte.	Так, прошу.	Да, пожалуйста.
Ist das Herr (Frau) ...?	Це пан (пані) ...?	Это господин (госпожа) ...?
Nein das ist nicht Herr (Frau) ...	Ні, це не пан (пані) ...	Нет, это не господин (госпожа) ...
Welche Nummer haben Sie gewählt?	За яким номером Ви дзвоните?	По какому номеру Вы звоните?
Sie sind falsch verbunden.	Вас неправильно з'єднали.	Вас неправильно соединили.
Sie haben die falsche Nummer gewählt.	Ви набрали не той номер.	Вы набрали не тот номер.
Entschuldigen Sie bitte!	Прошу пробачення.	Извините, пожалуйста!
Ich höre (verstehe) Sie schlecht.	Я погано Вас чую (розумію).	Я плохо Вас слышу. (понимаю).
Sprechen Sie bitte lauter.	Говоріть, будь ласка, голосніше.	Говорите, пожалуйста, погромче.
Wiederholen Sie bitte.	Повторіть, будь ласка.	Повторите, пожалуйста.
Ich wiederhole: ...	Повторюю: ...	Повторяю: ...
Telefonbuch: – Feuerwehr – Polizei – Rettungsdienst – Taxi – Telefonauskunft	Телефонна книжка: – Пожежна служба – Міліція – Швидка допомога – Таксі – Телефонна довідка	Телефонная книга: – Пожарная охрана – Милиция – Скорая помощь – Такси – Справочная служба

Deutsch	Ukrainisch	Russisch
Geschäfts-kontakte	**Ділові контакти**	**Деловые контакты**
Können Sie mir bitte sagen, ob Herr (Frau) ... schon da ist?	Ви не скажете, пан (пані) ... вже є?	Вы не скажете, господин (госпожа) ... уже есть?
Ich möchte Herrn (Frau) ... sehen.	Я хотів би побачити пана (пані) ...	Я хотел бы видеть господина (госпожу) ...
Er (sie) ist in seinem (ihrem) Zimmer.	Він (вона) у себе.	Он (она) у себя.
Tut mir leid, aber er (sie) ist nicht da.	На жаль, його (її) немає.	К сожалению, его (её) нет.
Er (sie) ist dienstlich unterwegs.	Він (вона) має термінові справи.	Он уехал (она уехала) по делам.
Wann wird er (sie) zurückkommen?	Коли він (вона) повернеться?	Когда он (она) вернётся?
Es ist schwer zu sagen.	Важко сказати.	Трудно сказать.
Da ist er (sie)!	А ось і він (вона)!	А вот и он (она)!
Ich möchte zu Ihnen, Herr (Frau) ...	Я до Вас, пане (пані) ...	Я к Вам, господин ... (госпожа) ...
Ich freue mich, ...	Радий (рада) ...	Рад (рада) ...
– Sie zu sehen.	– Вас бачити.	– Вас видеть.
– Sie in meinem Büro begrüßen zu können.	– вітати Вас у нашому офісі.	– приветствовать Вас в нашем офисе.
Kommen Sie herein!	Прошу проходити!	Проходите!
Legen Sie ab!	Прошу роздягатися!	Раздевайтесь!
Danke für die Gastfreundschaft.	Дякую за гостинність.	Благодарю за гостеприимство.
Darf ich Ihnen eine Tasse Tee (Kaffee) anbieten?	Дозвольте запропонувати Вам чашку чаю (кави).	Позвольте предложить Вам чашечку чая (кофе).
Eine Tasse Kaffee (Tee) lehne ich nicht ab.	Від чашки кави (чаю) не відмовлюсь.	От чашки кофе (чая) не откажусь.
Wir haben uns lange nicht gesehen.	Ми давно не бачились.	Мы давно не виделись.
Wir hoffen, dass es Ihnen bei uns gefällt.	Сподіваємось, Вам подобається в нас.	Мы надеемся, что Вам нравится у нас.
Wie haben Sie sich im Hotel eingerichtet?	Як Ви влаштувались у готелі?	Как Вы устроились в гостинице?
Danke, sehr gut.	Дякую, добре.	Спасибо, хорошо.

Deutsch	Ukrainisch	Russisch
Was glauben Sie, brauchen wir einen Dolmetscher?	Як Ви вважаєте, нам потрібен перекладач?	Как Вы думаете, нам нужен переводчик?
Ich denke, wir kommen auch ohne Dolmetscher zurecht.	Думаю, ми обійдемось без перекладача.	Думаю, обойдёмся без переводчика.
Gestatten Sie bitte eine Frage.	Дозвольте, будь ласка, одне запитання.	Позвольте, пожалуйста, вопрос.
Haben Sie sich schon mit unseren Materialien vertraut gemacht?	Ви вже ознайомилися з нашими матеріалами?	Вы уже ознакомились с нашими материалами?
Sind Sie mit unseren Vorschlägen einverstanden?	Ви згідні з нашими пропозиціями?	Вы согласны с нашими предложениями?
Selbstverständlich.	Певна річ.	Само собой разумеется.
Wir akzeptieren Ihre Bedingungen.	Ми згідні з Вашими умовами.	Мы согласны с Вашими условиями.
Wir können mit den Geschäftsverhandlungen ...	Ми можемо почати ділові переговори ...	Мы можем начать деловые переговоры ...
– morgen – am Montag – in einer Woche beginnen.	– завтра. – у понеділок. – за тиждень.	– завтра. – в понедельник. – через неделю.
Wir haben Ihre Anfrage geprüft.	Ми розглянули Ваш запит.	Мы рассмотрели Ваш запрос.
Ihre Bedingungen sagen uns zu.	Ваші умови нас влаштовують.	Ваши условия нас устраивают.
Lehnen Sie bitte nicht ab.	Не відмовляйтесь, будь ласка.	Не отказывайтесь, пожалуйста.
Das ist bequem (vorteilhaft) für beide Seiten.	Це зручно (вигідно) для обох сторін.	Это удобно (выгодно) для обеих сторон.
Hier gibt es keine Einwände.	Тут нема заперечень.	Здесь нет возражений.
Das ist ein guter Anlass, unser Geschäft abzuschließen.	Це добрий привід для укладення нашої угоди.	Это хороший повод заключить нашу сделку.

Geschäftskontakte

Deutsch	*Ukrainisch*	*Russisch*

Wie sehen Sie das?
Як Ви на це дивитесь?
Как Вы на это смотрите?
Як Ви вважаєте?
Как Вы считаете?

Wann können wir unseren Vertrag unterzeichnen?
Коли ми зможемо підписати наш договір?
Когда мы сможем подписать наш договор?

Wir wollen zuerst ...
Ми хочемо спочатку ...
Мы хотим сначала ...

– den Punkt 1 (2, 3) des Vertrages ändern.
– змінити перший (другий, третій) пункт договору.
– изменить первый (второй, третий) пункт договора.

– einige Punkte klären.
– з'ясувати деякі пункти.
– выяснить некоторые пункты.

Wir wollen hoffen, dass sich unsere Geschäftsbeziehungen gut entwickeln werden.
Сподіваємось, наші ділові контакти розвиватимуться успішно.
Будем надеяться, что наши деловые связи хорошо будут развиваться.

Alles hängt nur von Ihnen ab.
Усе залежить лише від Вас.
Всё зависит только от Вас.

Wir werden alles tun, was in unseren Kräften liegt.
Ми докладемо усіх зусиль.
Мы сделаем всё, что в наших силах.

Abgemacht!
Згода! Домовились!
Договорились!

Wir haben gern mit Ihnen zusammengearbeitet.
Було приємно співпрацювати з Вами.
Мы были рады сотрудничать с Вами.

Ich wünsche Ihnen einen erfolgreichen und angenehmen Aufenthalt in Berlin (Wien, Zürich, Kyiw, Moskau).
Бажаю Вам успішного і приємного перебування в Берліні (Відні, Цюриху, Києві, Москві).
Желаю Вам успешного и приятного пребывания в Берлине (Вене, Цюрихе, Киеве, Москве).

Bringen Sie bitte Herrn (Frau) ... ins Hotel.
Прошу відвезти пана (пані) ... до готелю.
Отвезите, пожалуйста, господина (госпожу) ... в гостиницу.

Amt, Behörde	установа	учреждение
Besitz	володіння	владение
Besitzer	володар	владелец
Bewilligung	дозвіл / ліцензія	разрешение / лицензия
Eigentum	власність	собственность
Eigentümer	власник	собственник

Deutsch	Ukrainisch	Russisch
Einkommen	прибуток	доход
Export	експорт / вивіз	экспорт / вывоз
Finanzamt	податкова адміністрація	налоговая администрация
Finanzierung	фінансування	финансирование
Gebühr	збір, мито	сбор, пошлина
Geld	гроші, фінанси	деньги, финансы
Geschäft	угода, операція, бізнес, справа, магазин, фірма	сделка, операция, бизнес, дело, магазин, фирма
Geschäftsabschluss	укладення угоди	заключение сделки
Geschäftsmann	бізнесмен (комерсант)	бизнесмен (коммерсант)
Geschäftspartner	контрагент	контрагент
Import	імпорт / ввіз	импорт / ввоз
Kredit	кредит	кредит
Manager	менеджер	менеджер
Mehrwertsteuer	податок на додану вартість	налог на добавочную стоимость
Preis	ціна, вартість	цена, стоимость
Schmuggel	контрабанда	контрабанда
Schulden	борг, борги	долг, долги
Umsatz	товарообіг	товарооборот
Umsatzsteuer	податок з обороту	налог на оборот
Unternehmen	підприємство	предприятие
Unternehmer	підприємець	предприниматель
Verbot	заборона	запрет
Vertrag	договір, контракт, згода, угода	договор, контракт, соглашение
Vertragsabschluß	укладення договору	заключение договора
Vertragsrücktritt	анулювання договору	аннулирование договора
Verwalter	адміністратор	администратор
Verwaltung	управління	управление
Zoll	мито	пошлина
Zusammenarbeit	співпраця	сотрудничество

Deutsch	Ukrainisch	Russisch

Humanitäre Hilfe / Гуманітарна допомога / Гуманитарная помощь

Deutsch	Ukrainisch	Russisch
Wir kommen aus Deutschland (Österreich, der Schweiz).	Ми приїхали з Німеччини (Австрії, Швейцарії).	Мы приехали из Германии (Австрии, Швейцарии).
Wir bringen humanitäre Hilfe.	Ми веземо гуманітарну допомогу.	Мы везём гуманитарную помощь.
Hier sind die Unterlagen:	Ось документи:	Вот документы:
– die Pässe,	– паспорти,	– паспорта,
– das Visum,	– віза,	– виза,
– die Einfuhrgenehmigung,	– дозвіл на ввіз,	– разрешение на ввоз,
– die Anmeldung für den Hilfsgütertransport,	– заява на перевіз гуманітарного вантажу,	– заявка на перевоз гуманитарного груза,
– das Hilfsgüterverzeichnis.	– список вантажу.	– перечень груза.
Dort steht unser …	Там стоїть …	Там стоит …
– LKW.	– наша вантажівка.	– наш грузовик.
– Anhänger.	– наш причеп.	– … прицеп.
– Bus.	– … автобус.	– … автобус.
– Container.	– … контейнер.	– … контейнер.
– Lieferwagen.	– … автофургон.	– … автофургон.
Hier sind (ist) …	Тут …	Здесь …
– Elektrogeräte.	– електроприлади.	– электроприборы.
– Kinderwagen.	– дитячі візки.	– детские коляски.
– Kleidung.	– одяг.	– одежда.
– Lebensmittel.	– харчові продукти.	– продукты.
– Medikamente.	– медикаменти.	– медикаменты.
– medizinische Ausrüstung.	– медичне обладнання.	– медицинское оборудование.
– Rollstühle.	– інвалідні візки.	– инвалидные коляски.
– Spielzeug.	– іграшки.	– игрушки.
– Werkzeug.	– інструменти.	– инструменты.
Dort sind …	Там …	Там …
– Kartons.	– коробки.	– коробки.

Deutsch	*Ukrainisch*	*Russisch*
– Kisten.	– ящики.	– ящики.
– Kleidersäcke.	– мішки з одягом.	– мешки с одеждой.
Wir suchen ...	Ми шукаємо ...	Мы ищем ...
– das Altenheim.	– будинок перестарілих.	– дом престарелых.
– das Kinderheim.	– дитячий будинок.	– детский дом.
– das Kreiskrankenhaus.	– районну лікарню.	– районную больницу.
– das Kinderkrankenhaus.	– дитячу лікарню.	– детскую больницу.
– das Pflegeheim.	– будинок інвалідів.	– дом инвалидов.
– den Kindergarten.	– дитячий садок.	– детский сад.
– die Schule.	– школу.	– школу.
Wo ist ...	Де тут ...	Где здесь ...
– die Stadtverwaltung (das Rathaus)?	– міське управління (муніципалітет)?	– городское управление (муниципалитет)?
– die Gemeindeverwaltung?	– сільське управління?	– сельское управление?
– eine Sozialstation?	– пункт соціальної допомоги?	– пункт социальной помощи?
Ich möchte ...	Я б хотів (хотіла) поговорити з ...	Я хотел (хотела) бы поговорить с ...
– den Direktor	– директором.	– директором.
– den Leiter	– завідувачем.	– заведующим
– den Verwalter	– адміністратором.	– администратором.
– den Vorgesetzten sprechen.	– начальником.	– начальником.
Das Krankenhaus (die Schule ...) braucht dringend materielle (finanzielle) Unterstützung.	Лікарня (школа ...) конче потребує матеріальної (фінансової) допомоги.	Больница (школа ...) срочно нуждается в материальной (финансовой) помощи.
Es ist eine extreme Situation.	Це виняткова ситуація.	Это исключительная ситуация.
Wann und wo können wir ...	Коли і де ми можемо ...	Когда и где мы будем ...
– den Wagen entladen?	– розвантажувати машину?	– разгружать машину?
– die Güter verteilen?	– розподіляти речі?	– распределять вещи?

Humanitäre Hilfe

Deutsch	Ukrainisch	Russisch
Hier sind ...	Тут ...	Здесь ...
– die Empfänger der Hilfslieferungen.	– отримувачі гуманітарної допомоги.	– получатели гуманитарной помощи.
– die hilfsbedürftigen Menschen.	– люди, які потребують допомоги.	– люди, нуждающиеся в помощи.
– die Hilfskräfte.	– помічники.	– помощники.
– unsere Mitarbeiter.	– наші співробітники.	– наши сотрудники.
Wir möchten die Hilfsgüter ...	Ми хочемо розподіляти вантаж ...	Ми хотим распределять груз ...
– selbständig	– самостійно.	– самостоятельно.
– ohne fremde Unterstützung	– без чужої допомоги.	– без посторонней помощи.
– mit Ihrer Hilfe verteilen.	– з Вашою допомогою.	– с Вашей помощью.
Herzlichen Dank für Ihre Hilfe.	Щиро дякуємо за Вашу допомогу.	Большое спасибо за Вашу помощь.
Wir bleiben hier 1 Tag (2, 3 Tage).	Ми будемо тут один день (два, три дні).	Мы будем здесь один день (два, три дня).
Wo kann man (sich) hier	Де тут можна ...	Где здесь можно ...
– ausruhen?	– відпочити?	– отдохнуть?
– übernachten?	– переночувати?	– переночевать?
– duschen?	– прийняти душ?	– принять душ?
– frühstücken (zu Mittag / zu Abend essen)?	– поснідати (пообідати, повечеряти)?	– позавтракать (пообедать, поужинать)?
– einkaufen?	– зробити закупи?	– сделать покупки?
Wir fahren ...	Ми від'їжджаємо додому ...	Мы отправляемся домой ...
– noch heute	– ще сьогодні.	– ещё сегодня.
– morgen	– завтра.	– завтра.
– übermorgen nach Hause.	– післязавтра.	– послезавтра.
Sie können uns ...	Ви можете нам ...	Вы можете нам ...
– telefonisch	– зателефонувати.	– позвонить.
– per SMS	– надіслати SMS.	– послать SMS.
– per E-Mail erreichen.	– відправити E-Mail.	– отправить E-Mail.

Deutsch	Ukrainisch	Russisch
Wir kommen wieder …	Ми приі́демо...	Мы прие́дем...
– in nächsten Jahr.	– насту́пного ро́ку.	– в сле́дующем году́.
– im Frühling.	– навесні́.	– весно́й.
– im März.	– у бе́резні.	– в ма́рте.

Zu Besuch   У гостя́х   В гостя́х

Deutsch	Ukrainisch	Russisch
Ich möchte Sie einladen.	Я хо́чу запроси́ти Вас у го́сті.	Я хочу́ пригласи́ть Вас в го́сти.
Besuchen Sie uns doch einmal!	Прихо́дьте до нас у го́сті!	Приходи́те к нам в го́сти!
Wann und wo können wir uns treffen?	Коли́ і де ми мо́жемо зустрі́тися?	Когда́ и где мы мо́жем встре́титься?
Wann haben Sie Zeit?	Коли́ ви ма́тимете час?	Когда́ у Вас бу́дет вре́мя?
Haben Sie morgen Zeit?	Ви ма́єте за́втра час?	У Вас за́втра бу́дет вре́мя?
Kommen Sie …	Прихо́дьте ...	Приходи́те ...
– um 6 Uhr ins Hotel.	– о шо́стій годи́ні у готе́ль.	– в шесть часо́в в гости́ницу.
– um 7 Uhr zu mir nach Hause.	– о сьо́мій годи́ні до ме́не додо́му.	– в семь часо́в ко мне домо́й.
– um 8 Uhr ins Restaurant …	– о во́сьмій годи́ні у рестора́н ...	– в во́семь часо́в в рестора́н ...
Ich komme um 9 Uhr.	Я прийду́ о дев'я́тій годи́ні.	Я приду́ в де́вять часо́в.
Um 10 Uhr …	О деся́тій годи́ні ...	В де́сять часо́в ...
– vor dem Theater.	– пе́ред теа́тром.	– пе́ред теа́тром.
– am Denkmal.	– бі́ля па́м'ятника.	– у па́мятника.
Treffen wir uns …	Зустрі́немося ...	Встре́тимся ...
– am Eingang?	– бі́ля вхо́ду?	– у вхо́да?
– in der Empfangshalle?	– у вестибю́лі?	– в вестибю́ле?
– am Fahrstuhl?	– бі́ля лі́фта?	– у ли́фта?
– in meinem Zimmer?	– у мої́й кімна́ті?	– в мое́й ко́мнате?
Warten Sie im Hotel auf mich!	Чека́йте на ме́не в готе́лі!	Жди́те меня́ в гости́нице!
Ich erwarte Sie gegen 11 Uhr.	Чека́ю на вас прибли́зно об одина́дцятій годи́ні.	Я ожида́ю Вас к оди́ннадцати часа́м.

Zu Besuch

Deutsch	Ukrainisch	Russisch
Bringen Sie ... – Ihren Freund – Ihre Freundin – Ihre Kollegen mit.	Приведіть з собою... – Вашого друга. – Вашу подругу. – Ваших колег.	Приведите с собой... – Вашего друга. – Вашу подругу. – Ваших коллег.
Bitte geben Sie mir ... – Ihre Adresse. – Ihre Telefonnummer.	Прошу дати мені ... – Вашу адресу. – Ваш номер телефону.	Дайте мне, пожалуйста, ... – Ваш адрес. – Ваш номер телефона.
– Ihre E-Mail-Adresse. Vielen Dank für die Einladung. Ich ... – komme etwas später.	– Вашу E-Mail-адресу. Дякую за запрошення. Я... – прийду трохи пізніше.	– Ваш E-Mail-адрес. Благодарю за приглашение. Я... – приду немного позже.
– kann leider nicht kommen. Wer ist da? Wohnt hier Herr (Frau) ...? Ist das Herr (Frau) ...?	– на жаль, не зможу прийти. Хто там? Тут мешкає пан (пані) ...? Це пан (пані) ...?	– к сожалению, не смогу прийти. Кто там? Здесь живёт господин (госпожа) ...? Это господин (госпожа) ...?
Nein, er (sie) ... – wohnt nicht mehr hier. – ist gerade weggegangen. – ist ausgezogen.	Ні, він (вона) ... – тут вже не мешкає. – якраз вийшов (вийшла). – виїхав звідси.	Нет, он (она) ... – здесь уже не живёт. – как раз вышел (вышла). – выехал отсюда.
Warum sind Sie nicht gekommen? Ich habe auf Sie gewartet. Ich habe ...	Чому Ви не прийшли? Я на Вас чекав (чекала). Я не знайшов (знайшла) ...	Почему Вы не пришли? Я вас ждал (ждала). Я не нашёл (нашла) ...
– Ihr Hotel – Ihr Haus – Ihre Wohnung – Ihr Büro nicht gefunden.	– Вашого готелю. – Вашого дому. – Вашого помешкання. – Вашого офісу.	– Вашу гостиницу. – Ваш дом. – Вашу квартиру. – Ваш офис.

Zu Besuch

Deutsch	Ukrainisch	Russisch
Bitte entschuldigen Sie die Verspätung!	Вибачте за запізнення!	Извините за опоздание!
Schön, dass Sie gekommen sind!	Як добре, що Ви прийшли!	Как хорошо, что Вы пришли!
Bitte treten Sie ein!	Заходьте, будь ласка!	Заходите, пожалуйста!
Legen Sie ab!	Роздягайтесь!	Раздевайтесь!
Nehmen Sie Platz!	Сідайте!	Садитесь!
Fühlen Sie sich wie zu Hause.	Можете почуватися як удома.	Чувствуйте себя как дома.
Wohnen Sie hier allein?	Ви тут мешкаєте одні?	Вы одни здесь живёте?
Nein, ich wohne mit ...	Ні, я мешкаю з ...	Нет, я живу с ...
– meiner Familie.	– моєю родиною.	– моей семьёй.
– meinen Eltern.	– моїми батьками.	– моими родителями.
Kennen Sie ...	Ви знаєте ...	Вы знаете ...
– meinen Mann (Sohn)?	– мого чоловіка (сина)?	– моего мужа (сына)?
– meine Frau (Tochter)?	– мою дружину (дочку)?	– мою жену (дочь)?
Aber natürlich!	Звичайно, знаю!	Конечно, знаю!
Leider noch nicht.	На жаль, ще ні.	К сожалению, ещё нет.
Hier sind unsere Familienfotos.	Тут наші родинні фотографії.	Здесь наши семейные фотографии.
Rauchen Sie?	Ви палите?	Вы курите?
Ich rauche nicht.	Я не палю.	Я не курю.
Was kann ich Ihnen anbieten?	Що я можу Вам запропонувати?	Что я могу Вам предложить?
Möchten Sie ...	Ви бажаєте ...	Вы желаете ...
– eine Tasse Tee?	– чашку чаю?	– чашку чая?
– eine Tasse Kaffee?	– чашку кави?	– чашку кофе?
– ein Glas Wein?	– склянку вина?	– стакан вина?
– ein Glas Bier?	– склянку пива?	– стакан пива?
Ja, bitte. Vielen Dank!	Так, будь ласка. Дуже дякую!	Да, пожалуйста. Большое спасибо!
Bedienen Sie sich!	Пригощайтесь!	Угощайтесь!
Wie schnell die Zeit vergeht!	Як швидко летить час!	Как быстро летит время!
Es ist noch früh!	Ще рано!	Ещё рано!
Es ist schon ziemlich spät.	Вже досить пізно.	Уже довольно поздно.

Wetter

Deutsch	Ukrainisch	Russisch
Ich muss jetzt gehen.	Мені вже час іти.	Мне уже пора идти.
Für uns ist es Zeit zu gehen.	Нам час збиратися додому.	Нам пора идти домой.
Es hat uns bei Ihnen sehr gut gefallen.	Нам дуже у Вас сподобалось.	Нам очень у Вас понравилось.
Danke für den schönen Abend!	Дякую за чудовий вечір!	Благодарю за прекрасный вечер!
Besuchen Sie uns wieder!	Заходьте до нас іще!	Заходите к нам ещё!

Wetter — Погода — Погода

Deutsch	Ukrainisch	Russisch
Wie ist das Wetter heute?	Яка сьогодні погода?	Какая сегодня погода?
Das Wetter ist heute …	Сьогодні …	Сегодня …
– schön.	– гарна	– хорошая
– schlecht.	– погана	– плохая
– warm.	– тепла	– тёплая
– kalt.	– холодна	– холодная
– bewölkt.	– хмарна	– пасмурная
– wechselhaft.	– мінлива погода.	– переменная погода.
Wie wird das Wetter?	Яка буде погода?	Какая будет погода?
Haben Sie schon den Wetterbericht gehört?	Ви вже чули прогноз погоди?	Вы уже слышали прогноз погоды?
Gibt es …	Чи буде …	Будет …
– Regen?	– дощ?	– дождь?
– Gewitter?	– гроза?	– гроза?
– Schnee?	– сніг?	– снег?
– Nebel?	– туман?	– туман?
– Glatteis?	– ожеледиця?	– гололёд?
– Sturm?	– буря?	– буря?
Bleibt das Wetter schön (schlecht)?	Чи збережеться гарна (погана) погода?	Сохранится ли хорошая (плохая) погода?
Es regnet (hagelt, schneit).	Падає дощ (град, сніг).	Падает дождь (град, снег).
Das Wetter wird sich ändern.	Очікується зміна погоди.	Ожидается смена погоды.

Wetter

Deutsch	Ukrainisch	Russisch
Was für ein herrliches (schreckliches) Wetter!	Яка́ чудо́ва (жахли́ва) пого́да!	Кака́я чуде́сная (ужа́сная) пого́да!
Was für ein schöner Sommer- / Herbst- / Winter- / Frühlingstag!	Яки́й га́рний лі́тній / осі́нній / зимо́вий / весня́ний / день!	Како́й прекра́сный ле́тний / осе́нний / зи́мний / весе́нний / день!
Wie viel Grad haben wir heute?	Яка́ сього́дні температу́ра?	Кака́я сего́дня температу́ра?
Es ist … Grad über (unter) Null.	… гра́дусів ви́ще (ни́жче) нуля́.	… гра́дусов вы́ше (ни́же) ноля́.
Der Himmel ist … – mit Wolken bedeckt.	Не́бо … – вкри́те хма́рами.	Не́бо … – покры́то ту́чами (облака́ми).
– klar.	– ясне́.	– я́сное.
Der Regen hört auf.	Дощ припиня́ється.	Дождь прекраща́ется.
Die Sonne scheint.	Со́нце сві́тить.	Со́лнце све́тит.
Die Lufttemperatur steigt / sinkt.	Температу́ра пові́тря підви́щується / спада́є.	Температу́ра во́здуха поднима́ется / па́дает.
Barometer	баро́метр *m*	баро́метр *m*
Bewölkung	хма́рність *f*	о́блачность *f*
Blitz	блиска́вка *f*	мо́лния *f*
Donner	грім *m*	гром *m*
Eis	лід *m*, кри́га *f*	лёд *m*
Eisglätte	ожеле́диця *f*	гололе́дица *f*
Frost	моро́з *m*	моро́з *m*
Hagel	град *m*	град *m*
Hitze	спе́ка *f*	жара́ *f*
Hoch	антицикло́н *m*	антицикло́н *m*
Klima	клі́мат *m*	кли́мат *m*
Luft	пові́тря *n*	во́здух *m*
Luftdruck	пові́тряний тиск *m*	возду́шное давле́ние *n*
Luftfeuchtigkeit	воло́гість пові́тря *f*	вла́жность во́здуха *f*
Mond	мі́сяць *m*	луна́ *f*
Regenbogen	весе́лка *f*	ра́дуга *f*
Regenwolke	дощова́ хма́ра *f*	ту́ча *f*
Sonne	со́нце *n*	со́лнце *n*
Sonnenaufgang	схід со́нця *m*	восхо́д со́лнца *m*
Sonnenuntergang	за́хід со́нця *m*	зака́т, захо́д со́лнца *m*
Stern	зі́рка *f*	звезда́ *f*

Deutsch	Ukrainisch	Russisch
Thermometer	термо́метр *m*	термо́метр *m*
Tief	цикло́н *m*	цикло́н *m*
Unwetter	него́да *f*	непого́да *f*
Wetteraussichten	прогно́з пого́ди *m*	прогно́з пого́ды *m*
Wind	ві́тер *m*	ве́тер *m*
Wolke	хма́ра *f*	о́блако *n*

Sprachkenntnisse — Зна́ння мов — Зна́ние языко́в

Deutsch	Ukrainisch	Russisch
Verstehen Sie …	Ви розумі́єте …	Вы понима́ете …
– Deutsch?	– німе́цьку	– неме́цкий
– Englisch?	– англі́йську	– англи́йский
– Französisch?	– францу́зьку	– францу́зский
– Ukrainisch?	– украї́нську	– украи́нский
– Russisch?	– росі́йську мо́ву?	– ру́сский язы́к?
Ja, ich verstehe …	Так, я розумі́ю …	Да, я понима́ю …
Nein, ich verstehe leider kein …	Ні, на жаль, я не розумі́ю …	Нет, к сожале́нию, я не понима́ю …
Sprechen Sie …	Ви розмовля́єте …	Вы говори́те …
– Deutsch?	– німе́цькою	– по-неме́цки?
– Englisch?	– англі́йською	– по-англи́йски?
– Französisch?	– францу́зькою	– по-францу́зски?
– Ukrainisch?	– украї́нською?	– по-украи́нски?
– Russisch?	– росі́йською мо́вою?	– по-ру́сски?
Ja, ich spreche (etwas, gut, fließend) …	Так, я (тро́хи, до́бре, доскона́ло) розмовля́ю …	Да, я (немно́го, хорошо́, свобо́дно) говорю́ …
Was ist Ihre Muttersprache?	Яка́ Ва́ша рі́дна мо́ва?	Како́й язы́к ваш родно́й?
Meine Muttersprache ist …	Моя́ рі́дна мо́ва …	Мой родно́й язы́к …
– Deutsch.	– німе́цька.	– неме́цкий.
– Englisch.	– англі́йська.	– англи́йский.
– Französisch.	– францу́зька.	– францу́зский.
– Ukrainisch.	– украї́нська.	– украи́нский.
– Russisch.	– росі́йська.	– ру́сский.

Freundschaft / Sympathie

Deutsch	Ukrainisch	Russisch
Ich habe Sie (nicht) verstanden.	Я Вас (не) зрозумів / зрозуміла.	Я Вас (не) понял / поняла.
Wiederholen Sie bitte noch einmal!	Повторіть, будь ласка, ще раз!	Повторите, пожалуйста, ещё раз!
Könnten Sie mir das …	Ви не можете мені це …	Не могли бы вы мне это …
– aufschreiben?	– написати?	– написать?
– übersetzen?	– перекласти?	– перевести?
– zeigen?	– показати?	– показать?
– buchstabieren?	– повторити літерами?	– повторить по буквам?
Lasst uns …	Давайте розмовляти …	Давайте говорить …
– deutsch	– німецькою	– по-немецки!
– englisch	– англійською	– по-английски!
– französisch	– французькою	– по-французски!
– ukrainisch	– українською	– по-украински!
– russisch sprechen!	– російською мовою!	– по-русски!
Mit oder ohne Dolmetscher?	З перекладачем чи без перекладача?	С переводчиком или без переводчика?
Natürlich ohne!	Звичайно, без нього!	Конечно, без него!
Gute Idee!	Чудова ідея!	Прекрасная идея!

Freundschaft, Sympathie | Дружба, симпатія | Дружба, симпатия

Sie gefallen mir.	Ви мені подобаєтесь.	Вы мне нравитесь.
Sie sind …	Ви …	Вы …
– ein wunderbarer Mensch.	– чудова людина.	– прекрасный человек.
– eine wunderbare Frau.	– чудова жінка.	– прекрасная женщина.
– ein wunderbares Mädchen.	– чудова дівчина.	– прекрасная девушка.
– ein wunderbarer Mann.	– чудовий чоловік.	– прекрасный мужчина.
Darf ich Sie …	Можна мені …	Можно …
– anrufen?	– до Вас подзвонити?	– я Вам позвоню?

Freundschaft / Sympathie

Deutsch	Ukrainisch	Russisch
– nach Hause begleiten?	– провести Вас додому?	– я провожу Вас домой?
– ins Restaurant (ins Kino) einladen?	– запросити Вас до ресторану (в кіно)?	– пригласить Вас в ресторан (в кино)?
Ich möchte Ihnen etwas schenken. Wann ...	Я б хотів (хотіла) Вам зробити подарунок. Коли ми ...	Я хотел (хотела) бы Вам сделать подарок. Когда мы ...
– sehen wir uns wieder?	– знову побачимось?	– снова увидимся?
– können wir uns treffen?	– можемо зустрітися?	– можем встретиться?
Ich ...	Я ...	Я ...
– bewundere Sie (dich).	– в захопленні від Вас (тебе).	– от Вас (тебя) в восторге.
– liebe Sie (dich).	– Вас (тебе) кохаю (люблю).	– Вас (тебя) люблю.
– kann ohne Sie (dich) nicht leben.	– не можу без Вас (тебе) жити.	– не могу без Вас (тебя) жить.
Ich bin der glücklichste Mensch der Welt! Du bist die schönste Frau (der beste Mann) der Welt!	Я найщасливіша людина в світі! Ти найпрекрасніша в світі жінка (найкращий в світі чоловік)!	Я самый счастливый человек в мире! Ты самая прекрасная женщина (самый лучший мужчина) в мире!
Willst du ...	Ти хочеш ...	Ты хочешь ...
– mich heiraten?	– вийти за мене заміж (зі мною одружитися)?	– выйти за меня замуж (на мне жениться)?
– meine Frau (mein Mann) werden?	– стати моєю дружиною (моїм чоловіком)?	– стать моей женой (моим мужем)?
Lass uns heiraten! Ich liebe ...	Давай одружимося! Я ...	Давай поженимся! Я ...
– dich auch.	– тебе теж кохаю.	– тебя тоже люблю.
– dich nicht.	– тебе не люблю.	– тебя не люблю.
– einen Anderen (eine Andere).	– люблю іншого (іншу).	– люблю другого (другую).
Lass uns Freunde bleiben!	Залишимося друзями?	Останемся друзьями?

Freizeit / Hobby

Deutsch	Ukrainisch	Russisch
Freizeit, Hobby	**Вільний час, хобі**	**Свобо́дное вре́мя, хо́бби**
Wie verbringen Sie Ihre Freizeit?	Що Ви ро́бите у ві́льний час?	Как Вы прово́дите свобо́дное вре́мя?
Haben Sie ein Hobby?	Ви ма́єте хо́бі?	У Вас есть хо́бби?
Was ist Ihr Hobby?	Чим Ви захо́плюєтесь?	Чем Вы увлека́етесь?
Mein Hobby ist …	Я захо́плююсь …	Я увлека́юсь …
– Reisen.	– тури́змом.	– тури́змом.
– Angeln.	– риба́лкою.	– рыбной ло́влей.
– die Jagd.	– полюва́нням.	– охо́той.
Ich …	Я люблю́ …	Я люблю́ …
– fotografiere	– фотографува́ти.	– фотографи́ровать.
– lese	– чита́ти.	– чита́ть.
– male	– малюва́ти.	– рисова́ть.
– reise gern.	– подорожува́ти.	– путеше́ствовать.
Ich sammle …	Я збира́ю …	Я коллекциони́рую …
– Abzeichen.	– значки́.	– значки́.
– Briefmarken.	– ма́рки.	– ма́рки.
– Münzen.	– моне́ти.	– моне́ты.
– Postkarten.	– листі́вки.	– откры́тки.
Hören Sie gern Musik?	Ви лю́бите му́зику?	Вы лю́бите му́зыку?
Ich höre gern …	Я люблю́ …	Я люблю́ …
– Jazzmusik.	– джаз.	– джаз.
– Popmusik.	– поп.	– поп.
– Rockmusik.	– рок.	– рок.
– Volksmusik.	– наро́дну му́зику.	– наро́дную му́зыку.
– Schlager.	– шля́гер.	– шля́гер.
Ich bevorzuge …	Я віддаю́ перева́гу …	Я предпочита́ю …
– klassische	– класи́чній	– класси́ческую
– moderne Musik.	– суча́сній му́зиці.	– совреме́нную му́зыку.
Spielen Sie ein Instrument?	Ви гра́єте на яко́мусь інструме́нті?	Вы игра́ете на како́м-нибудь инструме́нте?
Ich spiele …	Я гра́ю на …	Я игра́ю на …
– Akkordeon.	– акордео́ні.	– аккордео́не.
– Geige / Violine.	– скри́пці.	– скри́пке.
– Gitarre.	– гіта́рі.	– гита́ре.
– Klavier.	– піані́но.	– пиани́но.

Freizeit / Hobby

Deutsch	Ukrainisch	Russisch
Lesen Sie gern?	Ви любите читати?	Вы любите читать?
Wer ist Ihr Lieblingsautor?	Хто Ваш улюблений автор?	Кто Ваш любимый автор?
Mein Lieblingsautor ist ...	Мій улюблений автор – ...	Мой любимый автор – ...
Ich lese gern ...	Я люблю ...	Я люблю читать ...
– Krimis.	– детективи.	– детективы.
– Science Fiction.	– науково-фантастичні романи.	– научно-фантастические романы.
Ich bevorzuge ...	Я віддаю перевагу ...	Я предпочитаю ...
– Belletristik.	– художній літературі.	– художественную литературу.
– Zeitungen und Zeitschriften.	– періодичним виданням.	– периодику.
Was planen Sie für heute Abend?	Ви маєте якісь плани на вечір?	Какие у Вас планы на вечер?
Nichts Besonderes.	Нічого особливого.	Ничего особенного.
Haben Sie eine Idee?	Ви маєте ідею?	У Вас есть идея?
Lass(t) uns ...	Давай(те) підемо ...	Давай(те) сходим ...
– in die Disko	– на дискотеку.	– на дискотеку.
– ins Kino	– в кіно.	– в кино.
– ins Restaurant	– до ресторану.	– в ресторан.
– ins Theater gehen.	– в театр.	– в театр.
Sollen wir nicht tanzen?	Може, потанцюємо?	Не хотите ли потанцевать?
Mit Vergnügen.	З задоволенням.	С удовольствием.
Darf ich Sie zum Tanz auffordern?	Дозвольте запросити вас на танець!	Разрешите пригласить Вас на танец!
Tut mir leid, ich tanze nicht.	Пробачте, я не танцюю.	Извините, я не танцую.
Die Jagd ist mein Hobby.	Полювання – моє хобі.	Охота – моё хобби.
Wir sind Jäger.	Ми мисливці.	Мы охотники.
Wir sind zur Jagd gekommen.	Ми приїхали на полювання.	Мы приехали на охоту.
Ist jetzt die Jagd auf ...	Зараз дозволено полювати на ...	Сейчас разрешена охота на ...

Deutsch	Ukrainisch	Russisch
– Füchse	– лисицю?	– лису?
– Hasen	– зайця?	– зайца?
– Hirsche	– оленя?	– оленя?
– Wildenten	– диких качок?	– диких уток?
– Wildschweine erlaubt?	– дикого кабана?	– дикого кабана?

Sport / Спорт / Спорт

Deutsch	Ukrainisch	Russisch
Mögen Sie Sport?	Ви любите спорт?	Ви любите спорт?
Treiben Sie (täglich) Sport?	Ви (щодня) займаєтесь спортом?	Вы (каждый день) занимаетесь спортом?
Ja, selbstverständlich.	Певна річ.	Само собой разумеется.
Welche Sportarten treiben Sie?	Якими видами спорту Ви займаєтесь?	Какими видами спорта Ви занимаетесь?
Ich ...	Я ...	Я ...
– fahre Ski.	– займаюсь лижним спортом.	– занимаюсь лыжным спортом.
– mache täglich Morgengymnastik.	– щодня роблю ранкову зарядку.	– ежедневно делаю утреннюю зарядку.
– gehe regelmäßig ins Fitnessstudio.	– регулярно ходжу до тренажерного залу.	– регулярно хожу в тренажёрный зал.
– jogge gern.	– люблю бігати.	– люблю бегать.
Welche Sportarten gefallen Ihnen?	Які види спорту Вам подобаються?	Какие виды спорта Вам нравятся?
Mir gefällt ...	Мені подобається ...	Мне нравится ...
– Automobilsport.	– автомобільний спорт.	– автомобильный спорт.
– Boxen.	– бокс.	– бокс.
– Eiskunstlaufen.	– фігурне катання.	– фигурное катание.
– Leichtathletik.	– легка атлетика.	– лёгкая атлетика.
– Ringen / Wrestling.	– боротьба.	– борьба.
Ich sehe mir gern Sportsendungen im Fernsehen an.	Я люблю дивитися спортивні передачі по телевізору.	Я люблю смотреть спортивные передачи по телевизору.
Spielen Sie ...	Ви граєте у ...	Вы играете в ...
– Basketball?	– баскетбол?	– баскетбол?
– Federball?	– бадмінтон?	– бадминтон?

Sport

Deutsch	Ukrainisch	Russisch
– Fußball?	– футбо́л?	– футбо́л?
– Handball?	– гандбо́л?	– гандбо́л?
– Schach?	– ша́хи?	– ша́хматы?
– Tennis?	– те́ніс?	– те́ннис?
– Tischtennis?	– насті́льний те́ніс?	– насто́льный те́ннис?
– Volleyball?	– волейбо́л?	– волейбо́л?
Ich spiele …	Я гра́ю у …	Я игра́ю в …
Ich möchte …	Я б хоті́в (хоті́ла) подиви́тися …	Я хоте́л (хоте́ла) бы посмотре́ть …
– das Autorennen	– автоперего́ни.	– автого́нки.
– ein Fußballspiel	– футбо́льний матч.	– футбо́льный матч.
– ein Pferderennen	– верхого́ни.	– ко́нные ска́чки.
– einen Wettlauf sehen.	– змага́ння з бі́гу.	– соревнова́ние по бе́гу.
Wo ist hier …	Де тут …	Где здесь …
– das Stadion?	– стадіо́н?	– стадио́н?
– der Tennisplatz?	– те́нісний корт?	– те́ннисный корт?
– die Schwimmhalle?	– басе́йн?	– бассе́йн?
– die Sporthalle?	– пала́ц спо́рту?	– дворе́ц спо́рта?
Gibt es für heute noch Eintrittskarten?	На сього́дні ще є квитки́?	На сего́дня ещё есть биле́ты?
Alle Eintrittskarten sind schon ausverkauft.	Всі квитки́ вже про́дані.	Все биле́ты уже́ про́даны.
Geben Sie mir bitte 1 (2, 5) Eintrittskarte(n).	Прошу́ да́ти мені́ оди́н квито́к (два квитки́, п'ять квиткі́в).	Да́йте, пожа́луйста, оди́н биле́т (два биле́та, пять биле́тов).
Ich habe noch eine Eintrittskarte erhalten.	Я ще діста́в (діста́ла) оди́н квито́к.	Я ещё доста́л (доста́ла) оди́н биле́т.
Welche Mannschaften spielen heute?	Які́ кома́нди сього́дні гра́ють?	Каки́е кома́нды сего́дня игра́ют?
Wer hat …	Хто …	Кто …
– gewonnen?	– ви́грав?	– вы́играл?
– verloren?	– програ́в?	– проигра́л?
Wie ist das Ergebnis …	Яки́й результа́т …	Како́й результа́т …
– des Spiels?	– гри (ма́тчу)?	– игры́ (ма́тча)?
– des Wettkampfes?	– змага́ння?	– соревнова́ния?
Es ist ein Tor (sind 2, 5 Tore) gefallen.	Заби́то оди́н гол (два голи́, п'ять голі́в).	Заби́т оди́н гол (заби́то два го́ла, пять голо́в).
Das Tor schoss …	Гол заби́в …	Гол заби́л …

Deutsch	*Ukrainisch*	*Russisch*

Das Ergebnis lautet:
– 2:1 zu Gunsten der
  Mannschaft …
– unentschieden.
Die deutsche
(österreichische,
schweizerische,
ukrainische, russische)
Mannschaft hat …
– gewonnen.
– verloren.
Weltmeisterschaft …
Europameisterschaft …
Landesmeisterschaft …
– im Fußball
1. (2.) Halbzeit
	Результат матчу:
	– два-один на користь
	  команди …
	– нічия.
	Команда Німеччини
	(Австрії, Швейцарії,
	України, Росії) …
	
	– виграла.
	– програла.
	чемпіонат світу …
	чемпіонат Європи …
	чемпіонат країни …
	– з футболу
	перший (другий) тайм
		Результат матча:
		– два-один в пользу
		  команды …
		– ничья.
		Команда Германии
		(Австрии, Швейцарии,
		Украины, России) …
		
		– выиграла.
		– проиграла.
		чемпионат мира …
		чемпионат Европы …
		чемпионат страны …
		– по футболу
		первый (второй) тайм

Theater, Kino | Театр, кіно | Театр, кино

Wollen wir nicht ins
Theater gehen?
Welche Theater gibt es
in Ihrer Stadt?
Was wird heute im …
Theater gespielt?
Was für ein Stück ist
das?
Ist es …
– ein Ballett?
– ein Drama?
– ein Lustspiel?
– ein Musical?
– eine Oper?
– eine Operette?
Heute ist im Theater …
– geschlossene
  Vorstellung.
– keine Vorstellung.
– Premiere.
	Чи не піти б нам до
	театру?
	Які театри є у Вашому
	місті?
	Що сьогодні йде в
	театрі …?
	Яка це вистава?
	
	Це …
	– балет?
	– драма?
	– комедія?
	– мюзикл?
	– опера?
	– оперета?
	Сьогодні в театрі …
	– закрита вистава.
	
	– немає вистави.
	– прем'єра.
		Не сходить ли нам в
		театр?
		Какие театры есть в
		Вашем городе?
		Что сегодня идёт в
		театре …?
		Какой это спектакль?
		
		Это …
		– балет?
		– драма?
		– комедия?
		– мюзикл?
		– опера?
		– оперетта?
		Сегодня в театре …
		– закрытое
		  представление.
		– нет представления.
		– премьера.

Theater / Kino

Deutsch	Ukrainisch	Russisch
Wann beginnt (endet) die Vorstellung?	Коли починається (закінчується) вистава?	Когда начинается (заканчивается) спектакль?
Wo ist hier die Theaterkasse?	Де тут театральна каса?	Где здесь театральная касса?
Ist die Theaterkasse schon geöffnet?	Театральна каса вже працює?	Театральная касса уже открыта?
Haben Sie Theaterkarten für …	Ви маєте квитки на …	У Вас есть билеты на …
– die Abendvorstellung?	– вечірню виставу?	– вечернее представление?
– heute?	– сьогодні?	– сегодня?
– morgen?	– завтра?	– завтра?
– den Samstag / Sonntag?	– суботу / неділю?	– субботу / воскресенье?
– den 5. (7., 10.)?	– п'яте (сьоме, десяте) число?	– пятое (седьмое, десятое) число?
Geben Sie mir bitte eine Karte (2 Karten) für …	Прошу дати мені один квиток (два квитки) на …	Дайте, пожалуйста, один билет (два билета) на …
Bitte eine Karte für …	Дайте мені квиток …	Дайте мне билет …
– die Loge.	– у ложу.	– в ложу.
– das Parkett.	– у партер.	– в партер.
– den 1. Rang	– у бельетаж.	– в бельетаж.
– den 2. (3.) Rang.	– на балкон.	– на балкон.
– die 1. (2., …) Reihe.	– у перший (другий, …) ряд.	– в первый (второй, …) ряд.
Das Haus ist heute völlig ausverkauft.	Сьогодні аншлаг.	Сегодня аншлаг.
Wie kommt man …	Як пройти …	Как пройти …
– ins Parkett?	– до партеру?	– в партер?
– auf den Rang?	– до бельетажу (до балкону)?	– в бельетаж (на балкон)?
Welche Reihe haben Sie?	Який у Вас ряд?	Какой у Вас ряд?
Welchen Platz haben Sie?	Яке Ваше місце?	Какое у Вас место?
Bitte zeigen Sie Ihre Karte.	Прошу показати Ваш квиток.	Ваш билет, пожалуйста.

Theater / Kino

Deutsch	Ukrainisch	Russisch
Zeigen Sie uns bitte unsere Plätze.	Прошу показати нам наші місця.	Покажите, пожалуйста, наши места.
Ein Programm bitte.	Програму, будь ласка.	Программу, пожалуйста.
Wie viele Akte hat dieses Stück?	Скільки дій має ця вистава?	Сколько действий в этом спектакле?
Wer spielt die Rolle von ...?	Хто грає роль ...?	Кто играет роль ...?
Wer singt (tanzt) in der Rolle von ...?	Хто виконує партію ...?	Кто исполняет партию ...?
Was für ein Orchester spielt heute?	Який оркестр сьогодні грає?	Какой оркестр сегодня играет?
Ich möchte ins Kino gehen.	Я хочу піти в кіно.	Я хочу сходить в кино.
Ich möchte mir einen interessanten Film ansehen.	Я б хотів (хотіла) подивитися цікавий фільм.	Я хотел (хотела) бы посмотреть интересный фильм.
Was wird heute gegeben?	Що сьогодні йде в кінотеатрах?	Что сегодня идёт в кинотеатрах?
Haben Sie diesen Film schon gesehen?	Ви вже бачили цей фільм?	Вы уже видели этот фильм?
Lohnt es sich, diesen Film anzusehen?	Чи варто подивитися цей фільм?	Стоит посмотреть этот фильм?
Wer spielt ...	Хто грає ...	Кто играет ...
– in diesem Film mit?	– в цьому фільмі?	– в этом фильме?
– die Hauptrolle?	– головну роль?	– главную роль?
In welchem Kino läuft dieser Film?	В якому кінотеатрі йде цей фільм?	В каком кинотеатре идёт этот фильм?
Wie komme ich zu diesem Kino?	Як дійти (доїхати) до цього кінотеатру?	Как пройти (проехать) к этому кинотеатру?
Bitte eine Karte für ...	Мені один квиток на ...	Мне один билет на ...
– den Film ...	– фільм ...	– фильм ...
– 6 (7) Uhr.	– шосту (сьому) годину.	– шесть (семь) часов.

Museum / Ausstellung

Deutsch	Ukrainisch	Russisch

Museum, Ausstellung / Музе́й, ви́ставка / Музе́й, вы́ставка

Ich möchte ... / Я хо́чу відві́дати ... / Я хочу́ посети́ть ...
- ein Museum / - музе́й. / - музе́й.
- eine Fotoausstellung / - фотови́ставку. / - фотовы́ставку.
- eine Gemäldegalerie besuchen. / - карти́нну галере́ю. / - карти́нную галере́ю.

Ist das Museum täglich geöffnet? / Музе́й відкри́тий щодня́? / Музе́й откры́т ежедне́вно?

Was kostet eine Eintrittskarte? / Скі́льки кошту́є вхідни́й квито́к? / Ско́лько сто́ит входно́й биле́т?

Darf man hier fotografieren? / Тут мо́жна фотографува́ти? / Фотографи́ровать мо́жно?

Wessen Werk (Gemälde) ist das? / Чия́ це робо́та (карти́на)? Чиє́ це полотно́? / Чья э́то рабо́та (карти́на)? Чьё э́то произведе́ние?

Ist das das Gemälde von ... / Це карти́на ... / Это карти́на ...
- Rembrandt? / - Рембра́ндта? / - Рембра́ндта?
- Schewtschenko? / - Шевче́нка? / - Шевче́нко?
- Lewitan? / - Левіта́на? / - Левита́на?

Wo ist der Saal der ... / Де зал ... / Где зал ...
- alten / - старови́нного / - дре́внего
- modernen Kunst? / - суча́сного мисте́цтва? / - совреме́нного иску́сства?

Mir gefällt ... / Мені́ подо́бається ... / Мне нра́вится ...
- dieses Aquarell. / - ця акваре́ль. / - э́та акваре́ль.
- dieses Bild. / - ця карти́на. / - э́та карти́на.
- diese Farbe. / - цей ко́лір. / - э́тот цвет.
- dieses Foto. / - це фо́то. / - э́то фо́то.
- dieses Fresko. / - ця фре́ска. / - э́та фре́ска.
- dieser Gobelin. / - цей гобеле́н. / - э́тот гобеле́н.
- diese Ikone. / - ця іко́на. / - э́та ико́на.
- diese Komposition. / - ця компози́ція. / - э́та компози́ция.
- dieses Mosaik. / - ця моза́їка. / - э́та моза́ика.
- diese Radierung. / - цей офо́рт. / - э́тот офо́рт.
- diese Skulptur. / - ця скульпту́ра. / - э́та скульпту́ра.
- diese Studie. / - цей етю́д. / - э́тот этю́д.
- dieser Stich. / - ця гравю́ра. / - э́та гравю́ра.

Museum / Ausstellung

Deutsch	Ukrainisch	Russisch
– dieses Stück.	– цей експона́т.	– э́тот экспона́т.
– dieses Wandbild.	– це панно́.	– э́то панно́.
Wird es heute eine Führung geben?	Сього́дні бу́де екску́рсія?	Сего́дня бу́дет экску́рсия?
Wo und wann beginnt die Führung?	Де і коли́ почина́ється екску́рсія?	Где и когда́ начина́ется экску́рсия?

ANHANG

Häufige Fragen

Deutsch	Ukrainisch	Russisch
Häufige Fragen		
Wer ...	**Хто ...**	**Кто ...**
– ist das?	– це?	– это?
– ist dort?	– там?	– там?
– sind Sie?	– Ви?	– Вы?
– ist dieser Mann (diese Frau)?	– цей чоловік (ця жінка)?	– этот мужчи́на (эта же́нщина)?
– hat das gesagt (gemacht)?	– це сказа́в (зроби́в)?	– это сказа́л (сде́лал)?
Was ...	**Що ...**	**Что ...**
– ist das?	– це?	– это?
– ist passiert?	– тра́пилось?	– случи́лось?
– ist mit Ihnen los?	– з Ва́ми?	– с Ва́ми?
– tun Sie hier?	– Ви тут ро́бите?	– Вы здесь де́лаете?
– haben Sie gesagt (gemacht)?	– Ви сказа́ли (зроби́ли)?	– Вы сказа́ли (сде́лали)?
– soll ich tun?	– я ма́ю роби́ти?	– мне де́лать?
– heißt (bedeutet) das?	– це означа́є?	– это зна́чит?
– sind Sie von Beruf?	Хто Ви зи фа́хом?	Кто Вы по профе́ссии?
Wo ...	**Де ...**	**Где ...**
– bin ich?	– я?	– я?
– sind wir?	– ми?	– мы?
– ist Herr (Frau) ...?	– пан (па́ні) ...?	– господи́н (госпожа́) ...?
– ist meine Frau (mein Mann, mein Auto, mein Koffer)?	– моя́ дружи́на (мій чоловік, моє́ а́вто, моя́ валі́за)?	– моя́ жена́ (мой муж, моя́ маши́на, мой чемода́н)?
– ist mein Platz?	– моє́ мі́сце?	– моё ме́сто?
– wohnen Sie?	– Ви мешка́єте?	– Вы живёте?
– arbeiten Sie?	– Ви працю́єте?	– Вы рабо́таете?
– befindet sich ...?	– знахо́диться ...?	– нахо́дится ...?
Wohin ...	**Куди́ ...**	**Куда́ ...**
– gehen (fahren) Sie?	– Ви йдете́ (ї́дете)?	– Вы идёте (е́дете)?
– soll ich gehen (fahren)?	– мені́ тре́ба йти (ї́хати)?	– мне ну́жно идти́ (е́хать)?
– bringen Sie mich?	– Ви мене́ прова́дите (везете́)?	– Вы меня́ ведёте (везёте)?
– fährt diese(r) Zug (Bus, Straßenbahn)?	– іде́ цей по́тяг (авто́бус, трамва́й)?	– идёт э́тот по́езд (авто́бус, трамва́й)?

Häufige Fragen

Deutsch	Ukrainisch	Russisch

Woher ...
- kommen Sie?
- sind Sie gekommen?
- wissen Sie das?
- soll ich das wissen?

Wann ...
- beginnt (endet) ...?
- treffen wir uns?
- fährt der Zug (fliegt das Flugzeug) ab?
- ist das passiert?
- gibt es hier Frühstück (Mittagessen, Vesper, Abendbrot)?

Wie ...
- heißen Sie?
- heißt Ihre Frau (Ihr Mann)?
- heißt diese Stadt (diese Straße, diese Haltestelle)?
- komme ich dahin?
- alt sind Sie?
- schwer ist ...?
- spät ist es?
- hoch (lang) ist ...?

- bitte?

Warum ... / Wozu ...
- sind Sie (wir) hier?
- sind Sie hierher gekommen?
- haben Sie so lange gewartet?
- haben Sie nichts gesagt?
- haben Sie geschwiegen?

Звідки ... / Звідкіля ...
- Ви?
- Ви приїхали?
- Ви це знаєте?
- мені це знати?

Коли ...
- починається (закінчується) ...?
- ми зустрінемося?
- відходить потяг (відлітає літак)?
- це трапилося?
- тут сніданок (обід, підвечірок, вечеря)?

Як ...
- Вас звуть?
- звуть Вашу дружину (Вашого чоловіка)?
- називається це місто (ця вулиця, ця зупинка)?
- туди дістатися?
- Скільки Вам років?
- Скільки важить ...?
- Котра година?
- Яка висота (довжина) ...?
- Що Ви сказали?

Чому ...
- Ви (ми) тут?
- Ви сюди прийшли?
- Ви так довго чекали?
- Ви нічого не сказали?
- Ви мовчали?

Откуда ...
- Вы?
- Вы приехали?
- Вы это знаете?
- мне это знать?

Когда ...
- начинается (заканчивается) ...?
- мы встретимся?
- отправляется поезд (вылетает самолёт)?
- это произошло?
- здесь завтрак (обед, полудник, ужин)?

Как ...
- Вас зовут?
- зовут Вашу жену (Вашего мужа)?
- называется этот город (эта улица, эта остановка)?
- туда добраться?
- Сколько Вам лет?
- Сколько весит ...?
- Который час?
- Какая высота (длина) ...?
- Что Вы сказали?

Почему ...
- Вы (мы) здесь?
- Вы сюда пришли?
- Вы так долго ждали?
- Вы ничего не сказали?
- Вы молчали?

Häufige Fragen

Deutsch	Ukrainisch	Russisch
Welcher (-e, -es) … / Was für ein(e) …	Який …? Яка …? Яке …?	Какой …? Какая …? Какое …?
– Tag ist heute?	Який сьогодні день?	Какой сегодня день?
– Datum haben wir heute?	Яке сьогодні число?	Какое сегодня число?
– Größe (Farbe) ist das?	Який це розмір (колір)?	Какой это размер (цвет)?
– Maschine nehmen Sie?	Яким літаком Ви збираєтесь летіти?	Каким самолётом Вы собираетесь лететь?
– Wort haben Sie nicht verstanden?	Яке слово Ви не зрозуміли?	Какое слово вам непонятно?
Wessen …	Чий …? Чия …? Чиє …?	Чей …? Чья …? Чьё …? Чьи …?
– Ticket (Ausweis) ist das?	Чий це квиток (паспорт)?	Чей это билет (паспорт)?
– Tasche (Buch) liegt da?	Чия це сумка (книжка) тут лежить?	Чья это сумка (книга) здесь лежит?
– Mantel (Jacke) hängt hier?	Чиє це пальто (чия це куртка) тут висить?	Чьё это пальто (чья это куртка) здесь висит?
– Auto steht dort?	Чия це машина там стоїть?	Чья это машина там стоит?
Wie viel … / Wie viele …	Скільки …	Сколько …
– kostet das?	– це коштує?	– это стоит?
– Geld haben Sie?	– грошей Ви маєте?	– у Вас денег?
– Geld brauchen Sie?	– грошей Вам потрібно?	– денег Вам нужно?
– Geld darf man mitnehmen (umtauschen)?	– грошей можна взяти з собою (обміняти)?	– денег можно взять с собой (обменять)?
– Personen sind in Ihrer Gruppe?	– осіб у Вашій групі?	– человек в Вашей группе?
– Zimmer (Tickets) haben Sie bestellt?	– номерів (квитків) Ви замовили?	– номеров (билетов) Вы заказали?
– Zeit haben wir noch?	– часу ми ще маємо?	– у нас осталось времени?

Grundzahlen

Deutsch	Ukrainisch	Russisch
Grundzahlen		
null (0)	нуль	ноль, нуль
eins (1)	один, одна, одне́	оди́н, одна́, одно́
zwei (2)	два, дві	два, две
drei (3)	три	три
vier (4)	чоти́ри	четы́ре
fünf (5)	п'ять	пять
sechs (6)	шість	шесть
sieben (7)	сім	семь
acht (8)	ві́сім	во́семь
neun (9)	де́в'ять	де́вять
zehn (10)	де́сять	де́сять
elf (11)	одина́дцять	оди́ннадцать
zwölf (12)	двана́дцять	двена́дцать
dreizehn (13)	трина́дцять	трина́дцать
vierzehn (14)	чотирна́дцять	четы́рнадцать
fünfzehn (15)	п'ятна́дцять	пятна́дцать
sechzehn (16)	шістна́дцять	шестна́дцать
siebzehn (17)	сімна́дцять	семна́дцать
achtzehn (18)	вісімна́дцять	восемна́дцать
neunzehn (19)	дев'ятна́дцять	девятна́дцать
zwanzig (20)	два́дцять	два́дцать
einundzwanzig (21)	два́дцять оди́н, одна́, одне́, одні́	два́дцать оди́н, одна́, одно́, одни́
zweiundzwanzig (22)	два́дцять два, дві	два́дцать два, две
dreißig (30)	три́дцять	три́дцать
vierzig (40)	со́рок	со́рок
fünfzig (50)	п'ятдеся́т	пятьдеся́т
sechzig (60)	шістдеся́т	шестьдеся́т
siebzig (70)	сімдеся́т	се́мьдесят
achtzig (80)	вісімдеся́т	во́семьдесят
neunzig (90)	дев'яно́сто	девяно́сто
einhundert (100)	сто	сто
zweihundert (200)	дві́сті	две́сти
dreihundert (300)	три́ста	три́ста
vierhundert (400)	чоти́риста	четы́реста
fünfhundert (500)	п'ятсо́т	пятьсо́т
sechshundert (600)	шістсо́т	шестьсо́т
siebenhundert (700)	сімсо́т	семьсо́т

Deutsch	Ukrainisch	Russisch
achthundert (800)	вісімсо́т	восемьсо́т
neunhundert (900)	дев'ятсо́т	девятьсо́т
eintausend (1000)	ти́сяча	ты́сяча
zwei- *bis* viertausend (2000 – 4000)	дві – чоти́ри ти́сячі	две – четы́ре ты́сячи
fünf- *bis* zehntausend (5000 – 10000)	п'ять – де́сять ти́сяч	пять – де́сять ты́сяч
zwanzigtausend (20000)	два́дцять ти́сяч	два́дцать ты́сяч
einhunderttausend (100000)	сто ти́сяч	сто ты́сяч
eine Million (1000000)	оди́н мільйо́н	оди́н миллио́н

Altersangabe

Wie alt sind Sie (bist du)?	Скі́льки Вам (тобі́) ро́ків?	Ско́лько Вам (тебе́) лет?
Wie alt ...	Скі́льки ро́ків ...	Ско́лько лет ...
– ist Ihr Ehemann (Sohn)?	– Ва́шому чоловікові (си́нові)?	– Ва́шему му́жу (сы́ну)?
– ist Ihre Ehefrau (Tochter)?	– Ва́шій дружи́ні (до́чці)?	– Ва́шей жене́ (до́чери)?
– sind Ihre Kinder (Eltern)?	– Ва́шим ді́тям (батька́м)?	– Ва́шим де́тям (роди́телям)?
– ist deine Freundin (Mutter)?	– твої́й подру́зі (ма́тері)?	– твое́й подру́ге (ма́тери)?
– ist dein Freund (Vater)?	– твоє́му дру́гові (ба́тькові)?	– твоему́ дру́гу (отцу́)?
– sind deine Freunde (Kollegen)?	– твої́м дру́зям (коле́гам)?	– твои́м друзья́м (колле́гам)?
Ich bin ...	Мені́ ...	Мне ...
Er (sie) ist ...	Йому́ (їй) ...	Ему́ (ей) ...
Sie sind ...	Їм ...	Им ...
– 20 (50)	– два́дцять (п'ятдеся́т) ро́ків.	– два́дцать (пятьдеся́т) лет.
– 21 (51)	– два́дцять оди́н (п'ятдеся́т оди́н) рік.	– два́дцать оди́н (пятьдеся́т оди́н) год.
– 22 (52)	– два́дцять два (п'ятдеся́т два) ро́ки.	– два́дцать два (пятьдеся́т два) го́да.

Deutsch	Ukrainisch	Russisch
– 25 (55) Jahre alt.	– двадцять п'ять (п'ятдесят п'ять) років.	– двадцать пять (пятьдесят пять) лет.
Ich bin ... Mein Freund (meine Freundin) ist ...	Я ... Мій друг (моя подруга) ...	Я ... Мой друг (моя подруга) ...
Meine Kollegen sind ...	Мої колеги ...	Мои коллеги ...
– 1 Jahr	– на один рік	– на один год
– 2 Jahre	– на два роки	– на два года
– 5 Jahre	– на п'ять років	– на пять лет
älter als ...	старший (старша, старші) за ...	старше ...
jünger als ...	молодший (молодша, молодші) за ...	моложе ...
– mein Bruder.	– мого брата.	– моего брата.
– meine Schwester.	– мою сестру.	– моей сестры.
– meine Nachbarn.	– моїх сусідів.	– моих соседей.
– Sie (ich / du).	– Вас (мене / тебе).	– Вас (меня / тебя).

Ordnungszahlen

der, die, das erste (1.)	перший, перша, перше	первый, первая, первое
... zweite (2.)	друг/ий, -а, -е	втор/ой, -ая, -ое
... dritte (3.)	трет/ій, -я, -є	трет/ий, -ья, -ье
... vierte (4.)	четверт/ий, -а, -е	четвёрт/ый, -ая, -ое
... fünfte (5.)	п'ят/ий, ...	пят/ый, ...
... sechste (6.)	шостий	шестой
... siebte (7.)	сьомий	седьмой
... achte (8.)	восьмий	восьмой
... neunte (9.)	дев'ятий	девятый
... zehnte (10.)	десятий	десятый
... elfte (11.)	одинадцятий	одиннадцатый
... zwölfte (12.)	дванадцятий	двенадцатый
... dreizehnte (13.)	тринадцятий	тринадцатый
... vierzehnte (14.)	чотирнадцятий	четырнадцатый
... fünfzehnte (15.)	п'ятнадцятий	пятнадцатый
... sechzehnte (16.)	шістнадцятий	шестнадцатый
... siebzehnte (17.)	сімнадцятий	семнадцатый
... achtzehnte (18.)	вісімнадцятий	восемнадцатый

Ordnungszahlen

Deutsch	Ukrainisch	Russisch
... neunzehnte (19.)	дев'ятна́дцятий	девятна́дцатый
... zwanzigste (20.)	двадця́тий	двадца́тый
... einundzwanzigste (21.)	два́дцять пе́рший, пе́рша, пе́рше	два́дцать пе́рвый, пе́рвая, пе́рвое
... dreißigste (30.)	тридця́тий	тридца́тый
... vierzigste (40.)	сороко́вий	сороково́й
... fünfzigste (50.)	п'ятдеся́тий	пятидеся́тый
... sechzigste (60.)	шістдеся́тий	шестидеся́тый
... siebzigste (70.)	сімдеся́тий	семидеся́тый
... achtzigste (80.)	вісімдеся́тий	восьмидеся́тый
... neunzigste (90.)	дев'яно́стий	девяно́стый
... einhundertste (100.)	со́тий	со́тый
... zweihundertste (200.)	двохсо́тий	двухсо́тый
... dreihundertste (300.)	трьохсо́тий	трёхсо́тый
... vierhundertste (400.)	чотирьохсо́тий	четырёхсо́тый
... fünfhundertste (500.)	п'ятисо́тий	пятисо́тый
... sechshundertste (600.)	шестисо́тий	шестисо́тый
... siebenhundertste (700.)	семисо́тий	семисо́тый
... achthundertste (800.)	восьмисо́тий	восьмисо́тый
... neunhundertste (900.)	дев'ятисо́тий	девятисо́тый
... eintausendste (1000.)	ти́сячний	ты́сячный
... zweitausendste (2000.)	двохти́сячний	двухты́сячный
... dreitausendste (3000.)	трьохти́сячний	трёхты́сячный
... fünftausendste (5000.)	п'ятити́сячний	пятиты́сячный
... zehntausendste (10000.)	десятити́сячний	десятиты́сячный
das Jahr 1985	ти́сяча дев'ятсо́т вісімдеся́т п'я́тий рік	ты́сяча девятьсо́т во́семьдесят пя́тый год
... 2000	двохти́сячний рік	двухты́сячный год
... 2008	дві ти́сячі во́сьмий рік	две ты́сячи восьмо́й год
im Jahr 1985	ти́сяча дев'ятсо́т вісімдеся́т п'я́того ро́ку	в ты́сяча девятьсо́т во́семьдесят пя́том году́

Datum / Monate

Deutsch	Ukrainisch	Russisch
... 2000	двохти́сячного ро́ку	в двухты́сячном году́
... 2008	дві ти́сячі во́сьмого ро́ку	в две ты́сячи восьмо́м году́
zum ersten Mal	упе́рше, пе́рший раз	впервы́е, пе́рвый раз
zum zweiten Mal	удру́ге, дру́гий раз	второ́й раз
erstens	по-пе́рше	во-пе́рвых
zweitens	по-дру́ге	во-вторы́х
als erster Gang	на пе́рше	на пе́рвое
als zweiter Gang	на дру́ге	на второ́е

Datum, Monate

Datum	да́та *f*, число́ *n*	да́та *f*, число́ *n*
Welches Datum haben wir heute?	Яке́ сього́дні число́?	Како́е сего́дня число́?
Heute ist der 12. 12. 2005.	Сього́дні двана́дцяте гру́дня дві ти́сячі п'я́того ро́ку.	Сего́дня двена́дцатое декабря́ две ты́сячи пя́того го́да.
... 03. 05. 2009.	... тре́тє тра́вня дві ти́сячі дев'я́того ро́ку.	... тре́тье ма́я две ты́сячи девя́того го́да.
Wann? Am wievielten? Am 01. 03. 2010.	Коли́? Яко́го числа́? Пе́ршого бе́резня дві ти́сячі деся́того ро́ку.	Когда́? Како́го числа́? Пе́рвого ма́рта две ты́сячи деся́того го́да.
Wann haben Sie Geburtstag?	Коли́ Ваш день наро́дження?	Когда́ у Вас день рожде́ния?
Ich habe am 10. 06. Geburtstag.	Мій день наро́дження деся́того че́рвня.	Мой день рожде́ния деся́того ию́ня.
Wann sind Sie geboren?	Коли́ Ви народи́лися?	Когда́ Вы родили́сь?
Ich wurde am 09. 10. 1983 geboren.	Я народи́вся (народи́лась) дев'я́того жо́втня ти́сяча дев'ятсо́т вісімдеся́т тре́тього ро́ку.	Я роди́лся (роди́лась) девя́того октября́ ты́сяча девятьсо́т во́семьдесят тре́тьего го́да.
Jahr	рік *m*	год *m*
Monat	мі́сяць *m*	ме́сяц *m*
Januar	сі́чень *m*	янва́рь *m*
Februar	лю́тий *m*	февра́ль *m*
März	бе́резень *m*	март *m*
April	кві́тень *m*	апре́ль *m*

Deutsch	Ukrainisch	Russisch
Mai	травень *m*	май *m*
Juni	червень *m*	июнь *m*
Juli	липень *m*	июль *m*
August	серпень *m*	август *m*
September	вересень *m*	сентябрь *m*
Oktober	жовтень *m*	октябрь *m*
November	листопад *m*	ноябрь *m*
Dezember	грудень *m*	декабрь *m*
Anfang Januar	на початку січня	в начале января
Ende März	у кінці березня	в конце марта
in diesem Jahr	цього року	в этом году
im nächsten	наступного	в следующем
(letzten) Jahr	(минулого) року	(прошлом) году
vor einem Jahr	рік тому	год назад
in einem Jahr	через рік	через год
innerhalb eines Jahres	за один рік	за один год
das ganze Jahr	цілий (весь, увесь) рік	целый (весь) год
das halbe ...	півроку	полгода
Jahrzehnt	десятиріччя *n*	десятилетие *n*
Jahrhundert	століття *n*, вік *m*	столетие *n*, век *m*
im 20. ...	у двадцятому столітті (віці)	в двадцатом веке (столетии)
Jahrtausend	тисячоліття *n*	тысячелетие *n*
im 3. ...	у третьому тисячолітті	в третьем тысячелетии

Feiertage

DEUTSCHLAND / ÖSTERREICH / SCHWEIZ

1. Januar		
Neujahrstag	Новий рік	Новый год
6. Januar		
Heilige Drei Könige	Хрещення	Крещение
13. Januar / *Schw.*		
Alter Silvester	День святого Сильвестра *(за старим стилем)*	День святого Сильвестра *(по старому стилю)*
14. Februar		
Valentinstag	День святого Валентина	День святого Валентина

Feiertage

Deutsch	Ukrainisch	Russisch
März – April		
Karfreitag	Великодня п'ятниця	Страстна́я пя́тница
Ostern	Вели́кдень / Па́сха	Па́сха
1. Mai		
Tag der Arbeit	День пра́ці	День труда́
Mai		
Muttertag	День Ма́тері	День Ма́тери
Mai		
Christi Himmelfahrt / Auffahrt	Вознесі́ння Христо́ве	Вознесе́ние Христо́во
Mai – Juni		
Pfingsten	Трі́йця	Тро́ица
Pfingstmontag	День свято́го ду́ху	День свято́го ду́ха
Juni		
Fronleichnam	Свя́то ті́ла Христо́вого	Пра́здник те́ла Христо́ва
1. August / Schw. Nationalfeiertag Schweiz	День заснува́ння конфедера́ції	День основа́ния конфедера́ции
15. August Maria Himmelfahrt	Успі́ння Богоро́диці	Успе́ние Богоро́дицы
3. Oktober / De. Tag der Deutschen Einheit	День німе́цької є́дності	День неме́цкого еди́нства
26. Oktober / Öst. Erklärung der Neutralität	День оголо́шення нейтралі́те́ту	День объявле́ния нейтралите́та
31. Oktober / De. Reformationstag	День реформа́ції	День реформа́ции
1. November Allerheiligen	День всіх святи́х	День всех святы́х
November / De. Buß- und Bettag	День покая́ння і моли́тви	День покая́ния и моли́твы
6. Dezember Der heilige Nikolaus	День свято́го Микола́я	День свято́го Никола́я
24. Dezember Heiligabend	Святи́й ве́чір / Святве́чір	Соче́льник

Feiertage

Deutsch	*Ukrainisch*	*Russisch*
25. – 26. Dezember Weihnachten	Різдво́ / Рождество́	Рождество́
26. Dezember / *Schw.* Stephanstag	День свято́го Степа́на	День свято́го Степа́на
31. Dezember Silvester	День свято́го Сильве́стра	День свято́го Сильве́стра
	UKRAINE / RUSSLAND	
1. Januar Neujahr	Нови́й рік	Но́вый год
6. Januar Heiligabend	Святи́й ве́чір / Святве́чір	Соче́льник
7. – 9. Januar Weihnachten	Різдво́ Христо́ве / Різдвя́ні свя́та	Рождество́ Христо́во
14. Januar Altes Neues Jahr	Стари́й Нови́й рік	Ста́рый Но́вый год
18. Januar Christi Taufe	Хре́щення	Креще́ние
23. Februar / *Ru.* Tag der Armee	День захисника́ Вітчи́зни	День защи́тника Оте́чества
8. März Internationaler Frauentag	Міжнаро́дний жіно́чий день	Междунаро́дный же́нский день
März – Mai Ostern	Вели́кдень / Па́сха	Па́сха
1. Mai Tag der Arbeit	День пра́ці	Пра́здник весны́ и труда́
9. Mai Tag des Sieges	Пень Перемо́ги	День Побе́ды
Mai – Juni Pfingsten	Трі́йця	Тро́ица
12. Juni / *Ru.* Tag der Unabhängigkeit	День Росі́ї	День Росси́и
28. Juni / *Ukr.* Tag der Verfassung	День Конститу́ції	День Конститу́ции

Deutsch	Ukrainisch	Russisch
24. August / *Ukr.* Tag der Unabhängigkeit	День Незалежності	День Независимости
4. November / *Ru.* Tag der nationalen Einheit	День національної єдності	День национального единства
22. November / *Ukr.* Tag der Freiheit	День Свободи	День Свободы

Uhrzeit, Zeitwörter

Zeit, Uhrzeit	час *m*	время *n*
Stunde	година *f*	час *m*
Minute	хвилина *f*	минута *f*
Sekunde	секунда *f*	секунда *f*
Wie spät ist es?	Котра година?	Который час?
Es ist …	–	–
– 1.00 Uhr.	Перша година.	Час.
– 2.00 …	Друга година.	Два часа.
– 5.00 …	П'ята година.	Пять часов.
– 9.05 …	Дев'ята година п'ять хвилин (п'ять на десяту).	Девять часов пять минут (пять минут десятого).
– 9.15 …	Дев'ята година п'ятнадцять хвилин (чверть на десяту).	Девять часов пятнадцать минут (четверть десятого).
– 9.30 …	Дев'ята година тридцять хвилин (пів на десяту).	Девять часов тридцать минут (половина десятого).
– 9.45 …	Дев'ята година сорок п'ять хвилин (за чверть десята).	Девять часов сорок пять минут (без четверти десять)
– 9.55 …	Дев'ята година п'ятдесят п'ять хвилин (за п'ять десята).	Девять часов пятьдесят пять минут (без пяти десять).
– 10.00 …	Десята година.	Десять часов.
Wann?	Коли?	Когда?
Um wie viel Uhr?	О котрій годині?	В котором часу?
Um …	О …	В …
– 1.00 Uhr.	– першій годині.	– час.

Deutsch	Ukrainisch	Russisch
– 2.00 …	– другій годині.	– два часа.
– 5.00 …	– п'ятій годині.	– пять часов.
– 9.05 …	– дев'ятій годині п'ять хвилин (п'ять на десяту).	– девять часов пять минут (пять минут десятого).
– 9.15 …	– дев'ятій годині п'ятнадцять хвилин (чверть на десяту).	– девять часов пятнадцать минут (четверть десятого).
– 9. 30 …	– дев'ятій годині тридцять хвилин (пів на десяту).	– девять часов тридцать минут (в половине десятого).
– 9. 45 …	– дев'ятій годині сорок п'ять хвилин (за чверть десята).	– девять часов сорок пять минут (без четверти десять)
– 9.55 …	– дев'ятій годині п'ятдесят п'ять хвилин (за п'ять десята).	– девять часов пятьдесят пять минут (без пяти десять).
– 10.00 …	– десятій годині.	– десять часов.
Wie lange warten Sie schon?	Як довго Ви вже чекаєте?	Сколько времени Вы уже ждёте?
Ich warte schon seit 1 Stunde (2 Stunden).	Я чекаю вже одну годину (дві години).	Я жду уже один час (два часа).
Und ich bin gerade gekommen.	А я щойно прийшов.	А я только что пришёл.
eine Stunde	одна година	один час
eine halbe …	півгодини	полчаса
in einer (halben) Stunde	через годину (через півгодини)	через час (через полчаса)
vor einer (halben) Stunde	годину тому (півгодини тому)	час назад (полчаса назад)
innerhalb einer Stunde	за годину	за час
Sommerzeit	літній час	летнее время
Winterzeit	зимовий час	зимнее время
heute	сьогодні	сегодня
morgen	завтра	завтра
übermorgen	післязавтра	послезавтра
gestern	учора, вчора	вчера
vorgestern	передучора, позавчора	позавчера

Deutsch	Ukrainisch	Russisch
Morgen	ра́нок *m*	у́тро *n*
am …, morgens	вра́нці / ура́нці	у́тром
Vormittag	ра́нок *m*, дообі́дній час *m*	у́тро *n*, предобе́денное вре́мя *n*
am …, vormittags	зра́нку, до обі́ду	с утра́, пе́ред обе́дом
Mittag	пі́вдень *m*, по́лудень *m*	по́лдень *m*, обе́д *m*
am …, mittags	опі́вдні, опо́лудні	в по́лдень, в обе́д
Nachmittag	пообі́дній час *m*, пополу́день *m*	послеобе́денное вре́мя *n*
am …, nachmittags	пополу́дні	по́сле обе́да
Abend	ве́чір *m*	ве́чер *m*
am …, abends	вве́чері / уве́чері	ве́чером
Nacht	ніч *f*	ночь *f*
in der …, nachts	вночі́ / уночі́	но́чью
Tag	день *m*	день *m*
am …, tagsüber	вдень / уде́нь	днём
jetzt, gleich	тепе́р, зара́з	тепе́рь, сейча́с
spät, später	пі́зно, пізні́ше	по́здно, по́зже
früh, früher	ра́но, ранї́ше	ра́но, ра́ньше
bald	незаба́ром	ско́ро
manchmal	і́нколи, де́коли	иногда́
immer	завжди́	всегда́
oft	ча́сто	ча́сто
selten	рі́дко	ре́дко
pünktlich	рі́вно, пунктуа́льно	ро́вно, пунктуа́льно
pünktlich um 8 Uhr	рі́вно о во́сьмій годи́ні	ро́вно в во́семь часо́в
24 Stunden / 1 Tag und 1 Nacht	доба́ *f*	су́тки *Pl.*
48 Stunden / 2 (5) Tage und Nächte	дві доби́ (п'ять діб)	дво́е су́ток (пя́теро су́ток)

Geld

Geld	гро́ші *Pl.*	де́ньги *Pl.*
Banknote	банкно́та *f*, купю́ра *f*	банкно́та *f*, купю́ра *f*
Münze	моне́та *f*	моне́та *f*
1 (2, 5) Euro	оди́н (два, п'ять) є́вро	оди́н (два, пять) е́вро
1 (2, 5) Cent	оди́н цент (два це́нти, п'ять це́нтів)	оди́н цент (два це́нта, пять це́нтов)

Deutsch	Ukrainisch	Russisch
1 (2, 5) Hrywnja	одна гривня (дві гривні, п'ять гривень)	одна гривна (две гривны, пять гривен)
1 (2, 5) Kopijka, Kopejka, Kopeke(n)	одна копійка (дві копійки, п'ять копійок)	одна копейка (две копейки, пять копеек)
1 (2, 5) Rubel	один рубль (два рублі, п'ять рублів)	один рубль (два рубля, пять рублей)
1 (2, 5) Dollar	один долар (два долари, п'ять доларів)	один доллар (два доллара, пять долларов)
1 (2, 5) Franken	один франк (два франки, п'ять франків)	один франк (два франка, пять франков)
1 (2, 5) Rappen	один раппен (два раппени, п'ять раппенів)	один раппен (два раппена, пять раппенов)

Maßeinheiten

Maß	міра *f*, вимір *m*	мера *f*, измерение *n*
Maßeinheit	одиниця виміру *f*	единица измерения *f*
Gewicht	вага *f*	вес *m*
1 (2, 5) Gramm	один грам (два грами, п'ять грамів)	один грамм (два грамма, пять граммов)
1 (2, 5) Kilogramm	один кілограм (два кілограми, п'ять кілограмів)	один килограмм (два килограмма, пять килограммов)
1 (2, 5) Zentner	один центнер (два центнери, п'ять центнерів)	один центнер (два центнера, пять центнеров)
1 (2, 5) Tonne(n)	одна тонна (дві тонни, п'ять тонн)	одна тонна (две тонны, пять тонн)
Länge	довжина *f*	длина *f*
1 (2, 5) Millimeter	один міліметр (два міліметри, п'ять міліметрів)	один миллиметр (два миллиметра, пять миллиметров)
1 (2, 5) Zentimeter	один сантиметр (два сантиметри, п'ять сантиметрів)	один сантиметр (два сантиметра, пять сантиметров)

Maßeinheiten

Deutsch	Ukrainisch	Russisch
1 (2, 5) Meter	оди́н метр (два ме́три, п'ять ме́трів)	оди́н метр (два ме́тра, пять ме́тров)
1 (2, 5) Meile(n)	одна́ ми́ля (дві ми́лі, п'ять миль)	одна́ ми́ля (две ми́ли, пять миль)
Flüssigkeit	рідина́ *f*	жи́дкость *f*
1 (2, 5) Liter	оди́н літр (два лі́три, п'ять лі́трів)	оди́н литр (два ли́тра, пять ли́тров)
Fläche	пло́ща *f*	пло́щадь *f*
1 (2, 5) Quadratmeter	оди́н квадра́тний метр (два квадра́тних ме́три, п'ять квадра́тних ме́трів)	оди́н квадра́тный метр (два квадра́тных ме́тра, пять квдра́тных ме́тров)
1 (2, 5) Hektar	оди́н гекта́р (два гекта́ри, п'ять гекта́рів)	оди́н гекта́р (два гекта́ра, пять гекта́ров)
Raum, Umfang	об'є́м *m*, о́бсяг *m*	объём *m*
1 (2, 5) Kubikmeter	оди́н кубі́чний метр (два кубі́чних ме́три, п'ять кубі́чних ме́трів)	оди́н куби́ческий метр (два куби́ческих ме́тра, пять куби́ческих ме́тров)

Basisvokabular

Das Basisvokabular umfasst ca. 1300 Wörter und Wortverbindungen und enthält den Grundwortschatz für Alltagsgespräche. Ausgenommen sind die Begriffe, die zu den Kapiteln „Allgemeine Redewendungen" und „Situationen" gehören. Alle Wörter werden in ihrer Grundform aufgeführt.
Beigefügt sind die folgenden grammatischen Angaben:
Substantive: das grammatische Geschlecht, die Genitiv-Singular-Endung.
Adjektive: Nominativ Singular Femininum und Neutrum, gleichstämmige Adverbien.
Verben: Aspekte – unvollendet und vollendet (außer der Stammverben der Fortbewegung), Personalendungen (1., 2. Person Singular, oder 3. Person Singular und Plural).
Präpositionen: Rektion *(G – Genitiv, ...)*.
Die mehrsilbigen Wörter sind mit Betonungszeichen versehen. Ein Schrägstrich trennt den Stamm oder den Wortteil ab, von dem die neuen grammatischen Formen abgeleitet werden.

Deutsch	*Ukrainisch*	*Russisch*
A		
ab	від, з *(G)*	от, с *(G)*
... und zu	час від ча́с/у	вре́м/я от вре́м/ени
Abend	ве́ч/ір *m* -ора	ве́чер *m* -а
zu ... essen	вечеря́ти (-ю, -єш) - повече́ряти	у́жина/ть (-ю, -ешь) - поу́жина/ть
am ..., abends	вве́чері, уве́чері	ве́чером
Abendbrot	вече́р/я *f* -і	у́жин *m* -а
aber	а, але́	а, но
Abfahrt, Abreise	від'ї́зд *m* -у, відбутт/я́ *n* -я́	отъе́зд *m* -а, отправле́ни/е *n* -я
Abflug	відл/і́т *m* -ьо́ту, старт *m* -у	вы́лет *m* -а, старт *m* -а
Afrika	А́фрик/а *f* -и	А́фрик/а *f* -и
Akt	акт *m* -у, ді́/я *f* -ї	акт *m* -а, де́естви/е *n* -я
Akte	спра́в/а *f* -и, досьє́ *n ind.*	де́л/о *n* -а, досьє́ *n ind.*
Aktentasche	портфе́л/ь *m* -я	портфе́л/ь *m* -я
aktiv	акти́вн/ий, -а, -е, акти́вно	акти́вн/ый, -ая, -ое, акти́вно
alle	всі, усі́	все
Allee	але́/я *f* -ї	алле́/я *f* -и
allein	од/и́н *m* -ного́, одн/а́ *f* -іє́ї	од/и́н *m* -ного́, одн/а́ *f* -о́й
alles	все, усе́	всё

Basisvokabular 128

Deutsch	Ukrainisch	Russisch
als	ніж, коли	чем, когда
alt	стар/ий, -а, -е	стар/ый, -ая, -ое
Amerika	Америк/а f -и	Америк/а f -и
anderer	інш/ий, -а, -е	друг/ой, -ая, -ое
anders	по-іншому	по-другому
Angel	вудк/а f -и	удочк/а f -и
angeln	рибал/ити (-ю, -иш)	рыбач/ить (-у, -ишь)
Angler	рибалк/а m f -и	рыболов m -а
angenehm	приємн/ий, -а, -е, приємно	приятн/ый, -ая, -ое, приятно
Angestellter	службов/ець m -ця	служащ/ий m -его
Anruf	дзвін/ок m -ка	звон/ок m -ка
anrufen	дзвон/ити (-ю, -иш) - подзвон/ити, телефону/вати (-ю, -єш) - зателефону/вати	звон/ить (-ю, -ишь) - позвон/ить
Ansichtskarte	відкритк/а f -и	откритк/а f -и
Antarktis	Антаркти́д/а f -и	Антарктид/а f -ы
Antwort	відповід/ь f -і	ответ m -а
antworten	відповіда/ти (-ю, -єш) - відпові/сти (-м, -си)	отвеча/ть (-ю, -ешь) - отве/тить (-чу, -тишь)
anziehen, sich	одяга/тися (-юсь, -єшся) - одягн/утися (-усь, -ешся)	одева/ться (-юсь, -ешься) - оде/ться (-нусь, -нешься)
Anzug	костюм m -у	костюм m -а
Apfel	яблук/о n -а	яблок/о n -а
Appetit	апетит m -у	аппетит m -а
Guten …!	Смачного!	Приятного аппетита!
Arbeit	робот/а f -и, прац/я f -і	работ/а f -ы, -труд m -а
arbeiten	працю/вати (-ю, -єш)	работа/ть (-ю, -ешь)
Arbeitszimmer	робоч/а кімнат/а f, кабінет m -у	рабоч/ая комнат/а f, кабинет m -а
Arktis	Арктик/а f -и	Арктик/а f -и
Arm	рук/а f -и	рук/а f -и
arm	бідн/ий, -а, -е, бідно, убог/ий, -а, -е, убого	бедн/ый, -ая, -ое, бедно нищ/ий, -ая, -ее
Arzt	лікар m -я	врач m -а
Aschenbecher	попільниц/я f -і	пепельниц/а f -ы
Asien	Азі/я f -ї	Ази/я f -и

Deutsch	Ukrainisch	Russisch
auch	теж, також	то́же, та́кже
auf	на, в, у *(P, A)*	на, в *(P, A)*
Aufgabe	завда́нн/я *n* -я	зада́ни/е *n* -я
aufstehen	встава́ти (-ю́, -є́ш) - вста́ти (-ну, -неш)	встава́ть (-ю́, -ёшь) - вста/ть (-ну, -нешь)
Auge(n)	о́к/о *n* -а (о́ч/і *Pl.* -е́й)	глаз *m* -а (глаза́ *Pl.* -)
Augenarzt	окулі́ст *m* -а	окули́ст *m* -а
Augenblick!	Хвили́ночку!	Мину́точку!
aus	з, із, від *(G)*, кін/е́ць *m* -ця́	с, из, от *(G)*, кон/е́ц *m* -ца́
Ausflug	екску́рсі/я *f* -ї	экску́рси/я *f* -и
Ausgang	ви́х/ід *m* -оду	вы́ход *m* -а
Auskunft	дові́дк/а *f* -и, інформа́ці/я *f* -ї, дові́дко́в/е бюро́ *n*	спра́вк/а *f* -и, информа́ци/я *f* -и, спра́вочн/ое бюро́ *n*
Ausland	закордо́нн/я *n* -я	зарубе́жь/е *n* -я, заграни́ц/а *f* -ы
im ...	за кордо́н/ом	за грани́ц/ей
ins ... fahren	ї/хати за кордо́н	е́/хать за грани́ц/у
Ausländer(in)	інозе́м/ець *m* -ця, інозе́мк/а *f* -и, інозе́мц/і *Pl.* -ів	иностра́н/ец *m* -ца, иностра́нк/а *f* -и, иностра́нц/ы *Pl.* -ев
außen	зо́вні, ззо́вні	снару́жи
Außenminister	міні́стр закордо́нн/их справ *m*	мини́стр иностра́нн/ых дел *m*
Außenministerium	міністе́рств/о закордо́нн/их справ *n*	министе́рств/о иностра́нн/ых дел *n*
außer	крім, окрі́м *(G)*	кро́ме *(G)*
außerdem	крім того́	кро́ме того́
Aussiedler(in)	пересе́лен/ець *m* -ця, пересе́ленк/а *f* -и, пересе́ленц/і *Pl.* -ів	пересе́лен/ец *m* -ца, пересе́ленк/а *f* -и, пересе́ленц/ы *Pl.* -ев
Ausstellung	ви́ставк/а *f* -и	вы́ставк/а *f* -и
Australien	Австра́лі/я *f* -ї	Австра́ли/я *f* -и
Ausweis	па́спорт *m* -а, посві́дченн/я *n* -я	па́спорт *m* -а, удостовере́ни/е *n* -я
Auto	автомобі́л/ь *m* -я, маши́н/а *f* -и, а́вто *n ind.*	автомоби́л/ь *m* -я, маши́н/а *f* -ы

Deutsch	Ukrainisch	Russisch
B		
Bäcker	пе́кар *m* -я	пе́кар/ь *m* -я
Bäckerei	пека́рн/я *f* -і	пека́рн/я *f* -и
Backofen	духо́вк/а *f* -и	духо́вк/а *f* -и
Bad	купа́нн/я *n* -я, ва́нн/а *f* -и, куро́рт *m* -у	купа́ни/е *n* -я, ва́нн/а *f* -ы, куро́рт *m* -а
ein … nehmen	прийма́ти - прий/ня́ти ва́нн/у	принима́ть - при/ня́ть ва́нн/у
Badeanzug	купа́льник *m* -а	купа́льник *m* -а
Bademantel	хала́т *m* -а	хала́т *m* -а
baden	купа́/тися (-юсь, -єшся)	купа́/ться (-юсь, -ешься)
Bahnhof	вокза́л *m* -у	вокза́л *m* -а
Bahnsteig	перо́н *m* -у	перро́н *m* -а
bald	незаба́ром	ско́ро
Balkon	балко́н *m* -у	балко́н *m* -а
Ball	бал *m* -у, м'яч *m* -а́	бал *m* -а, мяч *m* -а́
Bank	банк *m* -у, ла́вк/а *f* -и, осл/ін *m* -о́на	банк *m* -а, скаме́йк/а *f* -и
Bär	ведм/і́дь *m* -е́дя	медве́д/ь *m* -я
Bau	будівни́цтв/о *n* -а	стро́йк/а *f* -и
Bauarbeiter	будіве́льник *m* -а	строи́тел/ь *m* -я
bauen	буду/ва́ти (-ю, -єш) - збуду/ва́ти	стро́/ить (-ю, -ишь) - постро́/ить
Bauer, Bäuerin	селяни́н *m* -а, селя́нк/а *f* -и, селя́н/и *Pl.* -	крестья́нин *m* -а, крестья́нк/а *f* -и, крестья́н/е *Pl.* -
Baum	де́рев/о *n* -а	де́рев/о *n* -а
Baustelle	будіве́льн/ий майда́нчик *m*	строи́тельн/ая площа́дк/а *f*
Beamter, Angestellter	службо́в/ець *m* -ця	слу́жащ/ий *m* -его
beginnen	почина́ти (-ю, -єш) - поч/а́ти (-ну, -неш)	начина́/ть (-ю, -ешь) - нач/а́ть (-ну́, -нёшь)
bei	у, в, бі́ля *(G)*, під *(I)*	у, во́зле, о́коло *(G)*, под *(I)*
Bein	ног/а́ *f* -и́	ног/а́ *f* -и́
Beispiel	при́клад *m* -у	приме́р *m* -а
zum …	напри́клад	наприме́р
bekannt	знайо́м/ий, -а, -е, відо́м/ий, -а, -е, відо́мо	знако́м/ый, -ая, -ое, изве́стн/ый, -ая, -ое, изве́стно

Deutsch	Ukrainisch	Russisch
bekannt machen, sich	знайо́м/итися (-люсь, -ишся) - познайо́м/итися	знако́м/иться (-люсь, -ишься) - познако́м/иться
Belgien	Бе́льгі/я f -ї	Бе́льги/я f -и
Berg	гор/а́ f -и́	гор/а́ f -ы́
Beruf	фах m -у, профе́сі/я f -ї	профе́сси/я f -и
von ...	за фа́х/ом, за профе́сі/єю	по профе́сси/и
berühmt	славе́тн/ий, -а, -е	знамени́т/ый -ая, -ое
beschäftigen, sich	займа́/тися (-юсь, -єшся) - зай/ня́тися (-му́сь, -ме́шся)	занима́/ться (-юсь, -ешься) - за/ня́ться (-йму́сь, -йме́шься)
Beschäftigung	занятт/я́ n -я	заня́ти/е n -я
Bescheinigung	дові́дк/а f -и	спра́вк/а f -и
Beschluß	рі́шенн/я n -я	реше́ни/е n -я
besetzt	за́йнят/ий, -а, -е, за́йнято	за́нят/ый, -ая, -ое, за́нято
besichtigen	огляда́/ти (-ю, -єш) - огля́н/ути (-у, -еш)	осма́трива/ть (-ю, -ешь) - осмотр/е́ть (-ю́, -и́шь)
Besitzer	вла́сник m -а, волода́р m -я	со́бственник m -а, владе́л/ец m -ьца
bestellen	замовля́/ти (-ю, -єш) - замо́в/ити (-лю, -иш)	зака́зыва/ть (-ю, -ешь) - заказа́ть (-жу́, -жешь)
Bestellung	замо́вленн/я n -я	зака́з m -а
Besuch	відві́дування n -я, відві́дин/и Pl. -, візи́т m -у	посеще́ни/е n -я, визи́т m -а
besuchen	відві́ду/вати (-ю, -єш) - відві́да/ти (-ю, -єш)	посеща́/ть (-ю, -ешь) - посе/ти́ть (-щу́, -ти́шь)
Besucher	відві́дувач m -а	посети́тел/ь m -я
beten	моли́тися (-ю́сь, -ишся)	мо́л/иться (-ю́сь, -ишься)
Bett	лі́жк/о n -а, по́ст/іль f -е́лі	крова́т/ь f -и, посте́л/ь f -и
Bettler	жебра́к m -а́	ни́щ/ий, -его
Bettwäsche	по́стільн/а бі́лизн/а f	посте́льн/ое бель/ё n
bevor	перш ніж	пре́жде чем
bewegen, sich	ру́ха/тися (-юсь, -єшся)	дви́га/ться (-юсь, -ешься)
Bewegung	рух m -у	движе́ни/е n -я
bezahlen	пла/ти́ти (-чу́, -тиш) - запла/ти́ти	пла/ти́ть (-чу́, -тишь) - запла/ти́ть
Bier	пи́в/о n -а	пи́в/о n -а
Bild, Gemälde	карти́н/а f -и	карти́н/а f -ы
billig	деше́в/ий, -а, -е, де́шево	дешё́в/ый, -ая, -ое, дё́шево

Deutsch	Ukrainisch	Russisch
bis	до *(G)*	до *(G)*, к *(D)*
Bitte	проха́нн/я *n* -я	про́сьб/а *f* -ы
bitten	про/си́ти (-шу́, -сиш) - попро/си́ти	про/си́ть (-шу́, -сишь) попро/си́ть
bitter	гірк/и́й, -а́, -е́, гі́рко	го́рьк/ий, -ая, -ое, го́рько
Blatt	лист/о́к *m* -ка́, а́ркуш *m* -а	лист *m* -а́
blau	си́н/ій, -я, -є	си́н/ий, -яя, -ее
bleiben	залиша́/тися (-ю́сь, -є́шся) - залиш/и́тися (-у́сь, -ишся)	оста/ва́ться (-ю́сь, -ёшься) - оста́/ться (-нусь, -нешься)
Bleistift	олів/е́ць *m* -ця́	каранда́ш *m* -а́
blond	русяв/и́й, -а, -е, біля́в/ий, -а, е	ру́с/ый, -ая, -ое, светловоло́с/ый, -ая, -ое
Blume(n)	кві́тк/а *f* -и, кві́т/и *Pl.* -ів	цвет/о́к *m* -ка́, цвет/ы́ *Pl.* -о́в
Bluse	блу́зк/а *f* -и	блу́зк/а *f* -и
Blut	кров *f* -і	кров/ь *f* -и
Blutgruppe	гру́п/а кро́в/і *f*	гру́пп/а кро́в/и *f*
böse	зл/ий, -а, -е, серди́т/ий, -а, -е, серди́то	зл/ой, -а́я, -о́е, серди́т/ый, -ая, -ое, серди́то
Botschaft	посо́льств/о *n* -а	посо́льств/о *n* -а
Botschafter	пос/о́л *m* -ла́	пос/о́л *m* -ла́
braun	кори́чнев/ий, -а, -е, бруна́тн/ий, -а, -е	кори́чнев/ый, -ая, -ое
Braut	наречен/а *f* -о́ї, молод/а́ *f* -о́ї	невест/а *f* -ы
Bräutigam	наречен/ий *m* -ого, молод/и́й *m* -о́го	жени́х *m* -а́
breit	широ́к/ий, -а, е, ши́роко	широ́к/ий, -ая, -ое, широко́
Bremse	гальм/о́ *n* -а́	то́рмоз *m* -а
bremsen	гальму/ва́ти (-ю, -єш) - загальму/ва́ти	тормо/зи́ть (-жу́, -зи́шь) - затормо/зи́ть
Brief	лист *m* -а́	письм/о́ *n* -а́
Briefkasten	пошто́в/а скри́ньк/а *f*	почто́в/ый я́щик *m*
Brille	окуля́р/и *Pl.* -ів	очк/и́ *Pl.* -о́в
bringen	прино́/сити (-шу, -сиш) - принес/ти́ (-у́, -е́ш)	прино/си́ть (-шу́, -сишь) - принес/ти́ (-у́, -ёшь)
Brot	хліб *m* -а	хлеб *m* -а

Deutsch	Ukrainisch	Russisch
Brücke	м/іст *m* -о́сту	мост *m* -а́
Bruder	брат *m* -а	брат *m* -а
Buch	кни́жк/а *f* -и	кни́г/а *f* -и
Buchhandlung	книга́рн/я *f* -і	кни́жн/ый магази́н *m*
Bügeleisen	пра́ск/а *f* -и	утю́г *m* -а́
bügeln	прасу/ва́ти (-ю, -єш)	гла́/дить (-жу, -дишь)
Bulgarien	Болга́ри/я *f* -ї	Болга́ри/я *f* -и
Bund	федера́ці/я *f* -ї, сою́з *m* -у	федера́ци/я *f* -и, сою́з *m* -а
Bundeskanzler(in)	федера́льн/ий ка́нцлер *m f*	федера́льн/ый ка́нцлер *m f*
Bundesland	федера́льн/а земл/я́ *f*	федера́льн/ая земл/я́ *f*
Bundesrepublik	Федерати́вн/а	Федерати́вн/ая
Deutschland	респу́блік/а Німе́ччин/а *f*	респу́блик/а Герма́ни/я *f*
bunt	строка́т/ий, -а, -е, строка́то, різнокольоро́в/ий, -а, -е	пёстр/ый, -ая, -ое, пёстро, разноцветн/ый, -ая, -ое
Bus	автобу́с *m* -а	автобу́с *m* -а
Büstenhalter	бюстга́льтер *m* -а	бюстга́льтер *m* -а
Butter	ма́сл/о *n* -а	ма́сл/о *n* -а

C

Café	кафе́ *n ind.*, кав'я́рн/я *f* -і	кафе́ *n ind.*
Check-in	реєстра́ці/я *f* -ї	регистра́ци/я *f* -и
Chef	шеф *m* -а	шеф *m* -а
China	Кита́/й *m* -ю	Кита́/й *m* -я
Computer	комп'ю́тер *m* -а	компью́тер *m* -а
Creme	крем *m* -у	крем *m* -а

D

da	ось, тут	вот, здесь
Dach	дах *m* -у	кры́ш/а *f* -и
Dachboden	гори́щ/е *n* -а	черда́к *m* -а́
damals	тоді́, в той час	тогда́, в то вре́мя
Dame	да́м/а *f* -и	да́м/а *f* -ы
danach	по́тім, пі́сля ц/ього	пото́м, по́сле эт/ого
Dänemark	Да́ні/я *f* -ї	Да́ни/я *f* -и
danken	дя́ку/вати (-ю, -єш) - подя́ку/вати	благодар/и́ть (-ю́, -и́шь) - поблагодар/и́ть
dann	тоді́, по́тім	тогда́, пото́м
das	це	это
das heißt ...	це означа́/є ...	это знач/ит ...

Deutsch	Ukrainisch	Russisch
Datei	файл *m* -у	файл *m* -а
Datum	да́т/а *f* -и, числ/о́ *n* -а́	да́т/а *f* -ы, числ/о́ *n* -а́
Decke	укрива́л/о *n* -а, ко́вдр/а *f* -и, коц *m* -а	одея́л/о *n* -а, покрыва́л/о *n* -а
Deckel	кри́шк/а *f* -и, покришк/а *f* -и	кры́шк/а *f* -и
dein, deine	тв/ій, тво/я́, тво/є́, тво/ї́	тво/й, тво/я́, тво/ё, тво/и́
denken	ду́ма/ти (-ю, -єш) - поду́ма/ти	ду́ма/ть (-ю, -ешь) - поду́ма/ть
Denkmal	пам'ятник *m* -а	па́мятник *m* -а
deutsch	німе́цьк/ий, -а, -е, по-німе́цьки	неме́цк/ий, -ая, -ое, по-неме́цки
Deutsche(r)	нім/ець *m* -ця, німке́н/я *f* -і, німц/і *Pl.* -ів	не́м/ец *m* -ца, не́мк/а *f* -и, не́мц/ы *Pl.* -ев
Deutschland	Німе́ччин/а *f* -и	Герма́ни/я *f* -и
Diät	діє́т/а *f* -и	дие́т/а *f* -ы
Dichter	поє́т *m* -а	поэ́т *m* -а
dick	товст/и́й, -а́, -е́, гру́б/ий, -а, -е, гру́бо	то́лст/ый, -ая, -ое
Dieb	злоді́й *m* -я, краді́й *m* -я́, грабі́жник *m* -а	вор *m* -а, граби́тел/ь *m* -я
dienen	служ/и́ти (-у́, -иш)	служ/и́ть (-у́, -ишь)
Dienst	слу́жб/а *f* -и	слу́жб/а *f* -ы
Dienstag	вівто́р/ок *m* -ка	вто́рник *m* -а
am ...	у вівто́р/ок	во вто́рник
Digitalkamera	цифров/а́ фотока́мер/а *f*	цифров/а́я фотока́мер/а *f*
Diplomat	диплома́т *m* -а	диплома́т *m* -а
Dolmetscher	переклада́ч *m* -а́	перево́дчик *m* -а
Donner	гр/ім *m* -о́му	гром *m* -а
Donnerstag	четве́р *m* -га́	четве́рг *m* -а́
am ...	у четве́р	в четве́рг
Donnerwetter!	Хай йому́ грець!	Чёрт побери́!
Dorf	сел/о́ *n* -а́	сел/о́ *n* -а́, дере́вн/я *f* -и
dort	там	там
Dose	ба́нк/а *f* -и	ба́нк/а *f* -и
Dosenöffner	консе́рвн/ий н/іж *m*, відкрива́ч *m* -а́	консе́рвн/ый нож *m*, открыва́тел/ь *m* -я
Droge	нарко́тик *m* -а	нарко́тик *m* -а
Drogensüchtiger	наркома́н *m* -а	наркома́н *m* -а

Deutsch	Ukrainisch	Russisch
Drucker	друка́р *m* -я́, при́нтер *m* -а	полиграфи́ст *m* -а, при́нтер *m* -а
du	ти	ты
dumm	дурн/и́й, -а́, -е́, глу́п/ий, -а, -е, глу́по	дурн/о́й, -а́я, -о́е, глу́п/ый, -ая, -ое, глу́по
dunkel	те́мн/ий, -а, -е, те́мно	тёмн/ый, -ая, -ое, темно́
dunkelblau	те́мно-си́н/ій, -я, -є	тёмно-си́н/ий, -яя, -ее
dunkelgrün	те́мно-зеле́н/ий, -а, -е	тёмно-зелён/ый, -ая, -ое
dünn	тонк/и́й, -а́, -е́, то́нко, худ/и́й, -а́, -е́	то́нк/ий, -ая, -ое, то́нко, худ/о́й, -а́я, -о́е
Durst	спра́г/а *f* -и	жа́жд/а *f* -ы
ich habe ...	я хо́/чу п/и́ти, мені́ хо́/четься п/и́ти	я хо/чу́ п/ить, мне хо́/чется п/ить
Dusche	душ *m* -у	душ *m* -а
duschen	прийма́ти - прий/ня́ти душ	принима́ть - при/ня́ть душ

E

Ebene	рівни́на *f* -и	равни́на *f* -ы
Ecke	р/іг *m* -о́гу, кут *m* -а́, кут/о́к *m* -ка́	у́г/ол *m* -ла́
an der ...	на р/озі́	на угл/у́
in der ...	у кут/і́, у кут/ку́	в угл/у́
um die ...	за р/о́гом	за угл/о́м
Ehe	шлюб *m* -у, подру́жн/є житт/я́ *n*	брак *m* -а, замуже́ств/о *n* -а, супруже́ств/о *n* -а
Ehemann (-frau)	чолові́к *m* -а, дружи́н/а *f* -и	муж *m* -а, супру́г *m* -а, жен/а́ *f* -ы́, супру́г/а *f* -и
Ei	яйц/е́ *n* -я́	яйц/о́ *n* -а́
Eigentum	вла́сн/ість *f* -ості	со́бственност/ь *f* -и
Eimer	відр/о́ *n* -а́	ведр/о́ *n* -а́
einfach	прост/и́й, -а́, -е́, про́сто	прост/о́й, -а́я, -о́е, про́сто
Einfahrt, Einzug, Einreise	в'їзд *m* -у	въезд *m* -а
Eingang	вх/ід *m* -о́ду, надхо́дженн/я *n* -я	вход *m* -а, поступле́ни/е *n* -я
einige	де́як/і, декі́лька *(GPl.)*	не́котор/ые, не́сколько *(GPl.)*
Einkauf	купі́вл/я *f* -і, за́куп/и *Pl.* -ів	поку́пк/а *f* -и

Deutsch	Ukrainisch	Russisch
einkaufen	купу/ва́ти (-ю, -єш) - куп/и́ти (-лю́, -иш)	покупа́/ть (-ю, -ешь) - куп/и́ть (-лю́, -ишь)
einladen	запро́шу/вати (-ю, -єш) - запро/си́ти (-шу́, -сиш)	приглаша́/ть (-ю, -ешь) - пригла/си́ть (-шу́, -си́шь)
Einladung auf ...	запро́шенн/я *n* -я на запро́шенн/я	приглаше́ни/е *n* -я по приглаше́ни/ю
Eis	л/і́д *m* -ьо́ду, кри́г/а *f* -и, моро́зив/о *n* -а	л/ёд *m* -ьда, моро́жен/ое *n* -ого
Eisen	залі́з/о *n* -а	желе́з/о *n* -а
Eisenbahn	залізни́ц/я *f* -і	желе́зн/ая доро́г/а *f*
Elefant	слон *m* -а́	слон *m* -а́
Elektriker	еле́ктрик *m* -а	эле́ктрик *m* -а
Elektroherd	електроплит/а́ *f* -и́	электроплит/а́ *f* -ы́
Eltern	батьк/и́ *Pl.* -і́в, ро́дич/і *Pl.* -ів	роди́тел/и *Pl.* -ей
Empfang	прийо́м *m* -у, зу́стріч *f* -і	прие́м *m* -а, встре́ч/а *f* -и
Empfänger	прийма́ч *m* -а́, отри́мувач *m* -а	прие́мник *m* -а, получа́тел/ь *m* -я
eng, schmal	вузьк/и́й, -а́, -е́, ву́зько	у́зк/ий, -ая, -ое, у́зко
Engel	я́нгол, а́нгел *m* -а	а́нгел *m* -а
England	А́нглі/я *f* -ї	А́нгли/я *f* -и
er, sie, es, sie *Pl.*	він, вона́, воно́, вони́	он, она́, оно́, они́
Erbe	спа́дщин/а *f* -и, спадкоє́м/ець *m* -ця	насле́дств/о *n* -а, насле́дник *m* -а
erben	успадко́ву/вати (-ю, -єш) - успадку/ва́ти (-ю, -єш)	насле́д/овать (-ую, -уешь) - унасле́д/овать
Erdbeben	землетру́с *m* -у	землетрясе́ни/е *n* -я
Erde	земл/я́, Земл/я́ *f* -і́	земл/я́, Земл/я́ *f* -и́
Erdöl	на́фт/а *f* -и	нефт/ь *f* -и
Erfolg	у́спіх *m* -у	успе́х *m* -а
erfolgreich	успі́шн/ий, -а, -е, успі́шно	успе́шн/ый, -ая, -ое, успе́шно
Ergebnis	результа́т *m* -у, пі́дсум/ок *m* -ку	результа́т *m* -а, ито́г *m* -а
erholen, sich	відпочива́/ти (-ю, -єш) - відпочи́/ти (-ну, -неш)	отдыха́/ть (-ю, -ешь) - отдохн/у́ть (-у́, -ёшь)
Erholung	відпочи́н/ок *m* -ку	о́тдых *m* -а
erinnern, sich	згаду́/вати (-ю, -єш) - згада́/ти (-ю, -єш)	вспомина́/ть (-ю, -ешь) - вспо́мн/ить (-ю, -ишь)

Deutsch	*Ukrainisch*	*Russisch*
Erkältung	засту́д/а f -и	просту́д/а f -ы
Erlaubnis	до́зв/іл m -олу	разреше́ни/е n -я
erzählen	розповіда́ти (-ю, -єш) - розпові́сти (-м, -си́)	расска́зыва/ть (-ю, -ешь) - расска/за́ть (-жу́, -жешь)
essen	ї́сти (-м, -си́)	е/сть (-м, -шь), ку́ша/ть (-ю, -ешь)
Essen	ї́ж/а f -і, харч/і́ Pl. -і́в	ед/а́ f -ы́, пита́ни/е n -я
Essig	о́ц/ет m -ту	у́ксус m -а
Esslöffel	столо́в/а ло́жк/а f	столо́в/ая ло́жк/а f
Esszimmer	їда́льн/я f -і	столо́в/ая f -ой
Etage	пове́рх m -у	эта́ж m -а́
Etui	футля́р m -а	футля́р m -а
etwas	щось	что́-то
euer (eure), Ihr (Ihre)	ваш, ва́ш/а, ва́ш/е, ва́ш/і, Ваш, ...	ваш, ва́ш/а, ва́ш/е, ва́ш/и, Ваш, ...
Euro *(Geld)*	є́вро m *ind.*	е́вро m *ind.*
Europa	Євро́п/а f -и	Евро́п/а f -ы

F

Fabrik	фа́брик/а f -и	фа́брик/а f -и
fahren	ї́здити (-жджу, -здиш) - ї́хати (-ду, -деш)	е́з/дить (-жу, -дишь) - е́/хать (-ду, -дешь)
Fahrer	шофе́р m -а	шофёр m -а
Fahrkarte	квит/о́к m -ка́, біле́т m -а	биле́т m -а
Fahrrad	велосипе́д m -а, ро́вер m -а	велосипе́д m -а
Fahrstuhl	лі́фт m -а	лифт m -а
falsch	помилко́в/ий, -а, е, непра́вильн/ий, -а, -е, непра́вильно	оши́бочн/ый, -ая, -ое, непра́вильн/ый, -ая, -ое, непра́вильно
Familie	сім'/я́ f -ї́	семь/я́ f -и́
Farbe	ко́л/ір m -ьору, фа́рб/а f -и	цвет m -а, кра́ск/а f -и
farbig	кольоро́в/ий, -а, -е	цветн/о́й, -а́я, -о́е
fehlen	браку/ва́ти, (-є, -ють), невистача́/ти (-є), бу́ти відсу́тн/ім	недоста/ва́ть (-ёт), нехвата́/ть (-ет), отсу́тств/овать (-ую, -уешь)
Fehler	поми́лк/а f -и, ва́д/а f -и, недо́лік m -у	оши́бк/а f -и, недоста́т/ок m -ка

Deutsch	Ukrainisch	Russisch
feiern	святку/вати (-ю, -єш)	праздн/овать (-ую, -уешь)
Feiertag, Fest	свят/о *n* -а, свят/а *Pl.* -	праздник *m* -а
Feld	пол/е *n* -я	пол/е *n* -я
Fenster	вікн/о *n* -а	окн/о *n* -а
Ferien	канікул/и *Pl.* -	каникул/ы *Pl.* -
fernsehen	див/итися телевізор	смотр/еть телевизор
Fernseher	телевізор *m* -а	телевизор *m* -а
fertig	готов/ий, -а, -е	готов/ый, -ая, -ое
fett	жирн/ий, -а, -е, масн/ий, -а, -е, груб/ий, -а, -е	жирн/ый, -ая, -ое, толст/ый, -ая, -ое
Feuer	вог/онь *m* -ню, пожеж/а *f* -і	ог/онь *m* -ня, пожар *m* -а
Feuerlöscher	вогнегасник *m* -а	огнетушител/ь *m* -я
Feuerzeug	запальничк/а *f* -и	зажигалк/а *f* -и
Film	фільм *m* -у, плівк/а *f* -и	фильм *m* -а, плёнк/а *f* -и
Fisch	риб/а *f* -и	рыб/а *f* -ы
Flasche	пляшк/а *f* -и	бутылк/а *f* -и
Flaschenöffner	відкривачк/а *f* -и	открывалк/а *f* -и
Fleisch	м'яс/о *n* -а	мяс/о *n* -а
fleißig	старанн/ий, -а, -е, старанно	прилежн/ый, -ая, -ое, прилежно
Fliege	мух/а *f* -и	мух/а *f* -и
fliegen	літа/ти (-ю, -єш) - ле/тіти (-чу, -тиш)	лета/ть (-ю, -ешь) - ле/теть (-чу, -тишь)
Flieger	льотчик *m* -а, пілот *m* -а	лётчик *m* -а, пилот *m* -а
Flinte	рушниц/я *f* -і	ружь/ё *n* -я
Flug	пол/іт *m* -ьоту	полёт *m* -а
Fluggesellschaft	авіакомпані/я *f* -ї	авиакомпани/я *f* -и
Flughafen	аеропорт *m* -у, летовищ/е *n* -а	аэропорт *m* -а
Flugticket	авіаквит/ок *m* -ка	авиабилет *m* -а
Flugzeug	літак *m* -а	самолёт *m* -а
Flur	коридор *m* -у, сін/и *Pl.* -ей	коридор *m* -а, прихож/ая *f* -ей
Fluss	рік/а *f* -и	рек/а *f* -и
Föhn	фен *m* -а	фен *m* -а
Formular	бланк *m* -а	бланк *m* -а
Foto	фото *n ind.*, фотографі/я *f* -ї, світлин/а *f* -и	фото *n ind.*, фотографи/я *f* -и

Deutsch	Ukrainisch	Russisch
Frage	пита́нн/я, запита́нн/я *n* -я	вопро́с *m* -а
fragen	запи́ту/вати (-ю, -єш) - запита́ти (-ю, -єш)	спра́шива/ть (-ю, -ешь) - спро/си́ть (-шу́, -сишь)
Frankreich	Фра́нці/я *f* -ї	Фра́нци/я *f* -и
Frau *(Anrede)*	па́ні *f ind.*	госпож/а́ *f* -и́
Frau	жі́нк/а *f* -и	же́нщин/а *f* -ы, жен/а́ *f* -ы́
frei	ві́льн/ий, -а, -е, ві́льно	свобо́дн/ый, -ая, -ое, свобо́дно
Freiheit	во́л/я *f* -і, свобо́д/а *f* -и	свобо́д/а *f* -ы
Freitag	п'я́тниц/я *f* -і	пя́тниц/а *f* -ы
am ...	у п'я́тниц/ю	в пя́тниц/у
fremd	чуж/и́й -а́, -е́	чуж/о́й, -а́я, -о́е
Fremdenführer	гід *m* -а	гид *m* -а
Fremdsprache	іноземн/а мо́в/а *f*	иностра́нн/ый язы́к *m*
Freund(in)	друг *m* -а, по́друг/а *f* -и	друг *m* -а, подру́г/а *f* -и
Frieden	мир *m* -у, спо́к/ій *m* -о́ю	мир *m* -а, поко́й *m* -я
Friedhof	кла́довищ/е *n*, -а, цви́нтар *m* -я	кла́дбищ/е *n* -а
frisch	свіж/ий, -а, -е	све́ж/ий, -ая, -ее
Friseur	перука́р *m* -я́	парикма́хер *m* -а
froh	ра́д/ий, -а, -е, ра́до	рад, -а, -о
Frost	моро́з *m* -у	моро́з *m* -а
Frucht	фрукт *m* -а о́воч *m* -а, пл/ід *m* -ода́	фрукт *m* -а, плод *m* -а́
früh	ра́нн/ій, -я, -є, ра́но	ра́нн/ий, -яя, -ее, ра́но
Frühling	весн/а́ *f* -и́	весн/а́ *f* -ы́
im ...	навесні́	весно́й
Frühstück	сніда́н/ок *m* -ку	за́втрак *m* -а
frühstücken	сні́да/ти (-ю, -єш) - посні́да/ти	за́втрака/ть (-ю, -ешь) - поза́втрак/ать
Fuchs	лис *m* -а, лиси́ц/я *f* -і	лис/а́ *f* -ы́, лиси́ц/а *f* -ы
Führerschein	прав/а́ *Pl.* -, посві́дченн/я воді́/я *n*	прав/а́ *Pl.* -, води́тельск/ое удостовере́ни/е *n*
für	за *(A)*	за *(A)*
Fürst(in)	княз/ь *m* -я, княги́н/я *f* -і	князь *m* -я, княги́н/я *f* -и
Fürstentum	кня́зівств/о *n* -а	кня́жеств/о *n* -а
Fürstentum Liechtenstein	Кня́зівств/о Лі́хтенште́йн *n*	Кня́жеств/о Лихтенште́йн *n*
Fuß	ног/а́ *f* -и́	ног/а́ *f* -и́

Deutsch	Ukrainisch	Russisch
Fußgänger	пішохо́д *m* -о́да	пешехо́д *m* -а
Fußgängerübergang	перехі́д *m* -о́ду	перехо́д *m* -а
Fußgängerweg	тротуа́р *m* -у	тротуа́р *m* -а

G

Deutsch	Ukrainisch	Russisch
Gabel	виде́лк/а *f* -и	ви́лк/а *f* -и
Garten	сад *m* -у	сад *m* -а
Gas	газ *m* -у	газ *m* -а
Gasherd	га́зов/а плит/а́ *f*	га́зов/ая плит/а́ *f*
Gasse	прову́л/ок *m* -ку	переу́л/ок *m* -ка
Gast	г/ість *m* -о́стя	гост/ь *m* -я
Gästebuch	кни́г/а ві́дгук/ів *f*, гостьо́в/а кни́г/а *f*	кни́г/а о́тзыв/ов *f*, гостев/а́я кни́г/а *f*
Gastgeber(in)	госпо́дар *m* -я, господи́н/я *f* -і	хозя́ин *m* -а, хозя́йк/а *f* -и
Gebäude	буди́н/ок *m* -ку	зда́ни/е *n* -я
geben	да/ва́ти (-ю́, -є́ш) - да́/ти (-м, -си́)	да/ва́ть (-ю́, -ёшь) - да/ть (-м, -шь)
Gebiet	о́бласт/ь *f* -і, сфе́р/а *f* -и	о́бласт/ь *f* -и, сфе́р/а *f* -ы
Gebirge	г/о́ри *Pl.* -ір	го́р/ы *Pl.* -
Gebühr	зб/ір *m* -о́ру, пла́т/а *f* -и, ми́т/о *n* -а	сбор *m* -а, пла́т/а *f* -ы, по́шлин/а *f* -ы
Geburtsdatum	да́т/а наро́дженн/я *f*	да́т/а рожде́ни/я *f*
Geburtstag	д/ень наро́дженн/я *m*	д/ень рожде́ни/я *m*
gefallen	подо́ба/тися (-юсь, -єшся) - сподо́ба/тися	нра́в/иться (-люсь, -ишься) - понра́в/иться
Gefrierschrank	морози́льник *m* -а	морози́льник *m* -а
gegen	про́ти *(G)*	про́тив *(G)*
gegenüber	навпро́ти *(G)*	напро́тив *(G)*
gehen	ход/и́ти (-жу́, -иш) - і/ти́ (-ду́, -де́ш)	хо/ди́ть (-жу́, -дишь) - ид/ти́ (-у́, -ёшь)
gelb	жо́вт/ий, -а, -е	жёлт/ый, -ая, -ое
Geld	гро́ш/і *Pl.* -ей	ден/ьги *Pl.* -ег
Geldautomat	банкома́т *m* -а	банкома́т *m* -а
Gelegenheit	наго́д/а *f* -и	слу́ча/й *m* -я
Gemüse	о́воч/і *Pl.* -ів	о́вощ/и *Pl.* -ей
Gemüsegarten	горо́д *m* -у	огоро́д *m* -а
gemütlich	зати́шн/ий, -а, -е, зати́шно	ую́тн/ый, -ая, -ое, ую́тно
genau	то́чн/ий, -а, -е, то́чно	то́чн/ый, -ая, -ое, то́чно

Deutsch	Ukrainisch	Russisch
genug	до́сить	дово́льно, доста́точно
geöffnet	відкри́т/ий, -а, -е, відкри́то, відчи́нен/ий, -а, -е, відчи́нено	откры́т/ый, -ая, -ое, откры́то
Gepäck	бага́ж *m* -а́	бага́ж *m* -а́
gern	охо́че	охо́тно
Geschäft	магази́н *m* -у, бі́знес *m* -у	магази́н *m* -а, би́знес *m* -а
Geschenk	подару́н/ок *m* -ку	пода́р/ок *m* -ка
geschieden	розлу́чен/ий, -а, -е	разведённ/ый, -ая, -ое
Geschirr	по́суд *m* -у	посу́д/а *f* -ы
Geschirrspüler	автома́т для митт/я́ по́суд/у *m*	автома́т для мыть/я́ посу́д/ы *m*
Geschlecht	р/ід *m* -о́ду, стат/ь *f* -і	род *m* -а, пол *m* -а
Geschwister	брат і сестр/а́, брат/и́ і се́стр/и *Pl.*	брат и сестр/а́, бра́т/ья и сёстр/ы *Pl.*
Gesicht	обли́чч/я *n* -я	лиц/о́ *n* -а́
Gespräch	розмо́в/а *f* -и	разгово́р *m* -а, бесе́д/а *f* -ы
gestern	вчо́ра, учо́ра	вчера́
gesund	здоро́в/ий, -а, -е	здоро́в/ый, -ая, -ое
Gesundheit	здоро́в'/я *n* -я	здоро́вь/е *n* -я
Gesundheit!	На здоро́в'я!	На здоро́вье!
Getränk	нап/і́й *m* -о́ю	напи́т/ок *m* -ка
Gewicht	ваг/а́ *f* -и́	вес *m* -а
Gift	отру́т/а *f* -и	яд *m* -а
giftig	отруйн/и́й, -а, -е	ядови́т/ый, -ая, -ое
Glas	склянк/а *f* -и, ба́нк/а *f* -и, скл/о *n* -а	стака́н *m* -а, ба́нк/а *f* -и, стекл/о́ *n* -а́
Glatze	ли́син/а *f* -и	лы́син/а *f* -ы
glatzköpfig	ли́с/ий, -а, -е	лы́с/ый, -ая, -ое
Glück	ща́ст/я *n* -я	сча́сть/е *n* -я, уда́ч/а *f* -и
glücklich	щасли́в/ий, -а, -е, щасли́во	счастли́в/ый, -ая, -ое, счастли́во
Gold	зо́лот/о *n* -а	зо́лот/о *n* -а
Gott	бог *m* -а	бог *m* -а
... sei dank!	Сла́ва бо́гу!	Сла́ва бо́гу!
Grab	моги́л/а *f* -и	моги́л/а *f* -ы
Grad	гра́дус *m* -а, сту́п/інь *m* -еня	гра́дус *m* -а, сте́пен/ь *f* -и
Gras	трав/а́ *f* -и́	трав/а́ *f* -ы́

Deutsch	Ukrainisch	Russisch
gratulieren	поздоровля́/ти (-ю, -єш) - поздоро́в/ити (-лю, -иш)	поздравля́/ть (-ю, -ешь) - поздра́в/ить (-лю, -ишь)
grau	сі́р/ий, -а, -е	се́р/ый, -ая, -ое
Grenze	кордо́н *m* -у	грани́ц/а *f* -ы
Grill	гриль *m* -я, манга́л *m* -а	гриль *m* -я, манга́л *m* -а
grillen	сма́ж/ити на манга́л/і	жа́р/ить на манга́л/е
Grippe	грип *m* -у	грипп *m* -а
groß	вели́к/ий, -а, -е	бо́льш/ой, -а́я, -о́е, вели́к/ий, -ая, -ое
Großbritannien	Вели́к/а Брита́ні/я *f*	Великобрита́ни/я *f* -и
Großmutter, Oma	ба́б/а *f* -и, бабу́с/я *f* -і	ба́бушк/а *f* -и
Großvater, Opa	дід *m* -а, діду́с/ь *m* -я	дед *m* -а, де́душк/а *m* -и
grün	зеле́н/ий, -а, -е	зелён/ый, -ая, -ое
Grundstück	діля́нк/а *f* -и	уча́ст/ок *m* -ка
Gruß	віта́нн/я *n* -я	приве́тстви/е *n* -я
grüßen	віта́/ти (-ю, -єш) - привіта́/ти	приве́тств/овать (-ую, -уешь)
gültig	ді́йсн/ий, -а, -е	действи́тельн/ый, -ая, -ое
Gürtel	по́яс *m* -а, ре́м/інь *m* -еня	по́яс *m* -а, реме́нь *m* -ня́
gut	до́бр/ий, -а, -е, до́бре, хоро́ш/ий, -а, -е	до́бр/ый, -ая, -ое, хоро́ш/ий, -ая, -ее, хорошо́
Gut	майн/о́ *n* -а́	иму́ществ/о *n* -а
Gymnasium	гімна́зі/я *f* -ї	гимна́зи/я *f* -и

H

Haar	воло́сс/я *n* -я	во́лос/ы *Pl.* -
Haarfarbe	ко́л/ір воло́сс/я *m*, фарб/а для воло́сс/я *f*	цвет воло́с *m*, кра́ск/а для воло́с *f*
haben	ма́/ти (-ю, -єш)	име́/ть (-ю, -ешь)
Hackfleisch	фарш *m* -у	фарш *m* -а
Hafen	порт *m* -у	порт *m* -а́
Hahn	пі́в/ень *m* -ня	пету́х *m* -а́
Haken	гач/о́к *m* -ка́	крюч/о́к *m* -ка́
halb / Hälfte	полови́н/а *f* -и	полови́н/а *f* -ы
Halbbruder (-schwester)	зве́ден/ий брат *m*, зве́ден/а сестр/а́ *f*	сво́дн/ый брат *m*, сво́дн/ая сестр/а́ *f*
Halstuch	ху́сточк/а *f* -и, кашне́ *n ind.*	косы́нк/а *f* -и, кашне́ *n ind.*

Deutsch	Ukrainisch	Russisch
Haltestelle	зупи́нк/а f -и	остано́вк/а f -и
Hammer	молот/о́к m -ка́	молот/о́к m -ка́
Hamster	хом'я́к m -а́	хомя́к m -а́
Hand	рук/а́ f -и́	рук/а́ f -и́
Handschuh	рукави́ц/я f -і	перча́тк/а f -и
Handtuch	рушни́к m -а́	полоте́нц/е n -а
Handy	мобі́льн/ий телефо́н m	моби́льн/ый телефо́н m
Hase	за́/єць m -йця	за́/ец m -йца
Hauptstadt	столи́ц/я f -і	столи́ц/а f -ы
Hauptstraße	головн/а́ ву́лиц/я f	гла́вн/ая у́лиц/а f
Haus	д/ім m -о́му, ха́т/а f -и	дом m -а
nach Hause	додо́му	домо́й
zu ...	вдо́ма	до́ма
Haushalt	дома́шн/є господа́рств/о n, господа́рк/а f -и	дома́шн/ее хозя́йств/о n
Hausnummer	но́мер д/о́му m	но́мер до́м/а m
Hausschuhe	ка́пц/і Pl. -ів	та́п/ки Pl. -ок
Heft	зо́шит m -а	тетра́д/ь f -и
Heimatland	батькі́вщи́н/а f -и	ро́дин/а f -ы
Heirat	одру́женн/я n -я	жени́тьб/а f -ы, заму́жеств/о n -а
heiraten	одру́жу/ватися (-юсь, -єшся) - одру́ж/и́тися (-у́сь, -и́шся)	жени́ться (-ю́сь, -и́шься), выхо́ди́ть - вы́йти за́муж
heiß	гаря́ч/ий, -а, -е, гаря́че	горя́ч/ий, -ая, -ее, горячо́
Heizung	опа́ленн/я n -я	отопле́ни/е n -я
helfen	допомага́/ти (-ю, -єш) - допомо/гти́ (-жу́, -жеш)	помога́/ть (-ю, -ешь) - помо́/чь (-гу́, -жешь)
hell	сві́тл/ий, -а, -е, сві́тло, ясн/и́й, -а́, -е́, я́сно	све́тл/ый, -ая, -ое, светло́
Hemd	соро́чк/а f -и	руба́шк/а f -и
Herbst	о́с/інь f -ені	о́сен/ь f -и
im ...	восени́	о́сенью
Herd	плит/а́ f -и́	плит/а́ f -ы́
Herr	пан m -а	господи́н m -а
Herz	се́рц/е n -я	се́рдц/е n -а
Herzog(in)	ге́рцог m -а, герцоги́н/я f -і	ге́рцог m -а, герцоги́н/я f -и
Herzogtum	ге́рцогств/о n -а	ге́рцогств/о n -а

Deutsch	Ukrainisch	Russisch
Großherzogtum Luxemburg	Вели́к/е Ге́рцогств/о Люксембу́рг *n*	Вели́к/ое Ге́рцогств/о Люксембу́рг *n*
heute	сього́дні, ни́ні	сего́дня, ны́нче
hier	тут	здесь
Hilfe	допомо́г/а *f* -и	по́мощ/ь *f* -и
Hilfe!	Рятуйте! / Допоможі́ть!	На по́мощь! / Помоги́те!
Himmel	не́б/о *n* -а	не́б/о *n* -а
hinten	позаду (G)	сза́ди, позади́ (G)
hinter	за (I)	за (I)
Hobby	хо́бі *n* ind.	хо́бби *n* ind.
hoch	висо́к/ий, -а, -е, ви́соко	высо́к/ий, -ая, -ое, высоко́
Hochzeit	весі́лл/я *n* -я	сва́дьб/а *f* -ы
hoffen	сподіва́/тися (-юсь, -єшся), наді́/ятися (-юсь, -єшся)	наде́/яться (-юсь, -ешься)
Hoffnung	сподіва́нн/я *n* -я, наді́/я *f* -ї	наде́жд/а *f* -ы
Holz	де́рев/о *n* -а, дров/а́ *Pl.*-	де́рев/о *n* -а, дров/а́ *Pl.*-
Honig	мед *m* -у	мёд *m* -а
Honigmelone	ди́н/я *f* -і	ды́н/я *f* -и
hören	слу́ха/ти (-ю, -єш), чу́/ти (-ю, -єш)	слу́ша/ть (-ю, -ешь), слы́ш/ать (-у, -ишь)
Hose	штан/и́ *Pl.* -ів	брю́к/и *Pl.* -, штан/ы́ *Pl.* -о́в
Hotel	готе́л/ь *m* -ю	гости́ниц/а *f* -ы
Huhn	ку́рк/а *f* -и	ку́риц/а *f* -ы
Humor	гу́мор *m* -у	ю́мор *m* -а
Hund	соба́к/а *m f* -и, п/ес *m* -са	соба́к/а *f* -и, п/ёс *m* -са
hungrig	голо́дн/ий, -а, -е	голо́дн/ый, -ая, -ое
Ich bin ...	Я голо́дний (голо́дна).	Я го́лоден (голодна́).
Husten	ка́ш/ель *m* -лю	ка́ш/ель *m* -ля
Hut	капелю́х *m* -а	шля́п/а *f* -ы

I

ich	я	я
ihr (ihre) *Poss. von* sie (вона́)	її́ ind.	её ind.
ihr (ihre) *Poss. von* sie (вони́)	ї́хн/ій, ї́хн/я, ї́хн/є, ї́хн/і, ї́х ind.	их ind.
ihr / Sie *Pers.*	ви / Ви	вы / Вы

Deutsch	Ukrainisch	Russisch
immer	за́вжди, щора́зу	всегда́
Immobilie(n)	нерухо́м/ість f -ості	недви́жимост/ь f -и
in, an, nach	у, в, на (P, A)	в, на (P, A)
Ingenieur	інжене́р m -а	инжене́р m -а
Inhaber	воло́дар m -я	владе́л/ец m -ьца
Inhalt	зміст m -у	содержа́ни/е n -я
Insel	о́стр/ів m -ова	о́стров m -а
interessant	ціка́в/ий, -а, -е, ціка́во	интере́сн/ый, -ая, -ое, интере́сно
interessieren, sich	ціка́в/итися (-люсь, -ишся)	интерес/ова́ться (-у́юсь, -у́ешься)
international	міжнаро́дн/ий, -а, -е	междунаро́дн/ый, -ая, -ое
Internet	інтерне́т m -у	интерне́т m -а
Italien	Італі/я f -ї	Ита́ли/я f -и

J

ja	так	да
Jacke, Anorak	ку́ртк/а f -и	ку́ртк/а f -и
Jagd	полюва́нн/я n -я	охо́т/а f -ы
jagen	полю́ва/ти (-ю, -єш)	охо́титься (-чусь, -тишься)
Jäger	мисли́в/ець m -ця	охо́тник m -а
Jahr	р/ік m -о́ку	год m -а
Jahreszeit	пор/а́ р/о́ку f	вре́м/я год/а n
jeder	ко́жн/ий, -а, -е	ка́жд/ый, -ая, -ое
jetzt	за́раз, тепе́р	сейча́с, тепе́рь
Journalist	журналі́ст m -а	журнали́ст m -а
Jude	євре́/й m -я	евре́/й m -я
Jugend	мо́лод/ість f -ості, юн/ість f -ості	мо́лодост/ь f -и, ю́ност/ь f -и
Jugendliche	мо́лод/ь f -і	молодёж/ь f -и
jung	молод/и́й, -а́, -е́, мо́лодо	молод/о́й, -а́я, -о́е, мо́лодо
Junge	хло́пчик m -а, хло́п/ець m -ця, хлоп'я́ n -ти	ма́льчик m -а
junge Frau	молод/а́ жі́нк/а f, молоди́ц/я f -і, дівчин/а́ f -и	молод/а́я же́нщин/а f, де́вушк/а f -и
junger Mann	юна́к m -а́, па́руб/ок m -ка	ю́нош/а m -и, молод/о́й челове́к m

Deutsch	Ukrainisch	Russisch
Jungfer	стар/а́ ді́в/а	ста́р/ая де́в/а
Junggeselle	холостя́к *m* -а́, паруб/о́к *m* -ка́	холостя́к *m* -а́

K

Deutsch	Ukrainisch	Russisch
Kaffee	ка́в/а *f* -и	ко́фе *m ind.*
... mit Milch und Zucker	... з молок/о́м і цу́к/ром	... с молок/о́м и са́хар/ом
Kaffeekanne	ка́вник *m* -а, кофе́йник *m* -а	кофе́йник *m* -а
Kaffeemaschine	кавова́рк/а *f* -и	кофева́рк/а *f* -и
Kaffeesahne	вершк/и́ *Pl.* -і́в	сли́в/ки *Pl.* -ок
Käfig	клі́тк/а *f* -и	кле́тк/а *f* -и
Kakao	кака́о *n ind.*	кака́о *n ind.*
kalt	холо́дн/ий -а, -е, хо́лодно, зи́мн/ий, -а, -е, зи́мно	холо́дн/ый, -ая, -ое, хо́лодно
Kälte	хо́лод *m* -у, холодне́ч/а *f* -і	хо́лод *m* -а, холод/а́ *Pl.* -о́в
Kamin	камі́н *m* -а	ками́н *m* -а
Kamm	гре́б/інь *m* -еня	расчёск/а *f* -и
Kaninchen	кро́лик *m* -а, кр/і́ль *m* -оля́	кро́лик *m* -а
Kanne	гле́чик *m* -а	кувши́н *m* -а́
Kanton	канто́н *m* -у	канто́н *m* -а
Kapelle	капли́ц/я *f* -і	часо́вн/я *f* -и
kaputt	зіпсо́ван/ий, -а, -е, зла́ман/ий, -а, -е	испо́рченн/ый, -ая, -ое сло́манн/ый, -ая, -ое
Kartoffel(n)	карто́пл/я *f* -і, бу́льб/а *f* -и	карто́фел/ь *m* -я, карто́шк/а *f* -и
Käse	сир *m* -у	сыр *m* -а
Kasse	ка́с/а *f* -и	ка́сс/а *f* -ы
Katze, Kater	кі́шк/а *f* -и, к/іт *m* -ота́	ко́шк/а *f* -и, кот *m* -а́
Kaufhaus	універма́г *m* -у	универма́г *m* -а
kein	жо́дн/ий, -а, -е	никак/о́й, -а́я, -о́е
Kein Problem!	Без пробле́м!	Нет пробле́м!
Kelle	ополо́ник *m* -а, черпа́к *m* -а́	поло́вник *m* -а, черпа́к *m* -а́
Keller	підва́л *m* -у, льох *m* -у	подва́л *m* -а, чула́н *m* -а
kennen	зна́/ти (-ю, -єш)	зна/ть (-ю, -ешь)
Kerze	сві́чк/а *f* -и	свеч/а́ *f* -и́, све́чк/а *f* -и

Deutsch	Ukrainisch	Russisch
Kerzenhalter	підсві́чник *m* -а	подсве́чник *m* -а
Kettchen	ланцюж/о́к *m* -ка́	цепо́чк/а *f* -и
Kette	ланцю́г *m* -а́, кайда́н/и *Pl.* -ів	цеп/ь *f* -и́, це́п/и *Pl.* -е́й
Kind(er)	дити́н/а *f* -и, ді́т/и *Pl.* -е́й	ребё́н/ок *m* -ка, де́т/и *Pl.* -е́й
Kindergarten	дитя́ч/ий сад/о́к *m*	де́тск/ий сад *m*
Kinderzimmer	дитя́ч/а кімна́т/а *f*	де́тск/ая ко́мнат/а *f*
Kino	кінотеа́тр *m* -у, кіно́ *n ind.*	кинотеа́тр *m* -а, кино́ *n ind.*
Kirche	це́ркв/а *f* -и	це́рк/овь *f* -ви
Kissen	поду́шк/а *f* -и	поду́шк/а *f* -и
Kissenbezug	наволочк/а *f* -и, напі́рник *m* -а	на́волочк/а *f* -и
Klappbett	розкладачк/а *f* -и	расклад́ушк/а *f* -и
klar	я́сн/ий, -а́, -е́, я́сно	я́сн/ый, -ая, -ое, я́сно
Klasse	клас *m* -у	класс *m* -а
Kleber	кле́/й *m* -ю	кле́/й *m* -я
Kleid	су́кн/я *f* -і, пла́тт/я *n* -я	пла́ть/е *n* -я
Kleidung	о́дяг *m* -у	оде́жд/а *f* -ы
klein	мале́ньк/ий, -а, -е, мал/и́й, -а́, -е́	ма́леньк/ий, -ая, -ое, ма́л/ый, -ая, -ое
Kleingeld	дрібн/і́ гро́ш/і *Pl.*	ме́лоч/ь *f* -и
Klempner	санте́хнік *m* -а	санте́хник *m* -а
Kloster	монасти́р *m* -я́	монасты́р/ь *m* -я́
klug	розу́мн/ий, -а, -е, розу́мно, му́др/ий, -а, -е, му́дро	у́мн/ый, -ая, -ое, у́мно, му́др/ый, -ая, -ое, му́дро
Kneipe	шин/о́к *m* -ка́, корчм/а́ *f* -и́	каба́к *m* -а́, пивн/а́я *f* -о́й
Knie	колі́н/о *n* -а	коле́н/о *n* -а
Kniestrümpfe	го́льф/и *Pl.* -ів, підколі́нник/и *Pl.* -ів	го́льф/ы *Pl.* -ов, подколе́нник/и *Pl.* -ов
Knopf	кно́пк/а *f* -и, гу́дзик *m* -а	кно́пк/а *f* -и, пу́говиц/а *f* -ы
Koch	ку́хар *m* -я	по́вар *m* -а
kochen	вар/и́ти (-ю́, -иш), готу/ва́ти (-ю, -єш)	вар/и́ть (-ю́, -ишь), гото́в/ить (-лю, -ишь)
Kochtopf	кастру́л/я *f* -і, баня́к *m* -а́	кастрю́л/я *f* -и
Koffer	валі́з/а *f* -и	чемода́н *m* -а

Basisvokabular

Deutsch	*Ukrainisch*	*Russisch*
Kohl	капу́ст/а *f* -и	капу́ст/а *f* -ы
Kohle	вугі́лл/я *n* -я	у́г/оль *m* -ля́
Kollege (-in)	коле́г/а *m f* -и	колле́г/а *m f* -и
kommen	прихо́д/ити (-жу, -диш) - прий/ти́ (-ду́, -деш)	прихо/ди́ть (-жу́, -дишь) - при/йти́ (-ду́, -дёшь)
können	мо/гти́ (-жу, -жеш) - змо/гти́	мо/чь (-гу́, -жешь) - смо/чь
Ich kann (nicht).	Я (не) мо́жу.	Я (не) могу́.
Konto	раху́н/ок *m* -ку	счёт *m* -а
Kopf	голов/а́ *f* -и́, голо́вк/а *f* -и	голов/а́ *f* -ы́, голо́вк/а *f* -и
Kopfschmerzen	головн/и́й бі/іль *m*	головн/а́я бол/ь *f*
Kopftuch	хусти́н/а *f* -и, ху́стк/а *f* -и	плат/о́к *m* -ка́
Korb	ко́шик *m* -а	корзи́н/а *f* -ы
Korkenzieher	што́пор *m* -а	што́пор *m* -а
kosten	ко́шту/вати (-є, -ють)	сто́/ить (-ит, -ят)
Was kostet …?	Скі́льки кошту́є …?	Ско́лько сто́ит … ?
kostenlos	безкошто́вн/ий, -а, -е, безкошто́вно	беспла́тн/ый, -ая, -ое, беспла́тно
Kostüm	костю́м *m* -а	костю́м *m* -а
krank, der Kranke	хво́р/ий, -а, -е, -ого	больн/о́й, -а́я, -о́е, -о́го
Krankenhaus	ліка́рн/я *f* -і, шпита́л/ь *m* -ю́	больни́ц/а *f* -ы, госпита́л/ь *m* -я
Krankenschwester	медсестр/а́ *f* -и́	медсестр/а́ *f* -ы́
Krankenwagen	швидк/а́ допомо́г/а *f*	ско́р/ая по́мощ/ь *f*
Krankheit	хворо́б/а *f* -и	боле́зн/ь *f* -и
Kranz	ві́н/ок *m* -ка́	вен/о́к *m* -ка́
Krawatte	крава́тк/а *f* -и	га́лстук *m* -а
Kreis	ко́л/о *n* -а, райо́н *m* -у	круг *m* -а́, райо́н *m* -а
Kreuz	хрест *m* -а́, кри́ж/і *Pl.* -ів	крест *m* -а́, пояснни́ц/а *f* -ы
Kreuzung	перехре́ст/я *n* -я	перекрёст/ок *m* -ка
Krieg	війн/а́ *f* -и́	войн/а́ *f* -ы́
Küche	ку́хн/я *f* -і	ку́хня *f* -и
Kuchen	пир/і́г *m* -ога́	пиро́г *m* -а́
Kugelschreiber, Füller	ру́чк/а *f* -и	ру́чк/а *f* -и
Kuh	коро́в/а *f* -и	коро́в/а *f* -ы
Kühlschrank	холоди́льник *m* -а	холоди́льник *m* -а
Kunst	мисте́цтв/о *n* -а	иску́сств/о *n* -а
Künstler	мит/е́ць *m* -ця́	де́ятел/ь иску́сств/а
Kur	куро́ртн/е лікува́нн/я *n*	куро́ртн/ое лече́ни/е *n*

Deutsch	Ukrainisch	Russisch
kurz	коро́тк/ий, -а, -е, ко́ротко	коро́тк/ий, -ая, -ое, кра́тко
Kuss	поцілу́н/ок *m* -ку	поцелу́/й *m* -я

L

Laden	крамни́ц/я *f* -і, магази́н *m* -у	ла́вк/а *f* -и, магази́н *m* -а
Lampe	ла́мп/а *f* -и	ла́мп/а *f* -ы
Land	краї́н/а *f* -и, земл/я́ *f* -і́	стра́н/а *f* -ы́, земл/я́ *f* -и́
Landkarte	ка́рт/а *f* -и	ка́рт/а *f* -ы
Landwirtschaft	сільськ/е́ господа́рств/о *n*	се́льск/ое хозя́йств/о *n*
lang(e)	до́вг/ий, -а, -е, до́вго	дли́нн/ый, -ая, -ое, до́лг/ий, -ая, -ое, до́лго
langsam	пові́льн/ий, -а, -е, пові́льно	ме́дленн/ый, -ая, -ое, ме́дленно
Lappen	ганчі́рк/а *f* -и	тря́пк/а *f* -и
Laterne	ліхта́р *m* -я́	фона́р/ь *m* -я́
laufen	бі́га/ти (-ю, -єш) - бі́/гти (-жу́, -жи́ш)	бе́га/ть (-ю, -ешь) - бе/жа́ть (-гу́, -жи́шь)
laut	голосн/и́й, -а́, -е́, го́лосно	гро́мк/ий, -ая, -ое, гро́мко
Lautsprecher	гочномо́в/ець *m* -ця	громкоговори́тел/ь *m* -я
Leben	житт/я́ *n* -я́	жизн/ь *f* -и
leben, wohnen	жи́/ти (-ву́, -ве́ш), ме́шка/ти (-ю, -єш)	жи/ть (-ву́, -вёшь), прожива́/ть (-ю, -ешь)
Lebenslauf	біогра́фі/я *f* -ї	биогра́фи/я *f* -и
Lebensmittel	(харчо́в/і́) проду́кт/и *Pl.*, харч/і́ *Pl.* -і́в	(пищев/ы́е) проду́кт/ы *Pl.*, продово́льстви/е *n* -я
Leder	шкі́р/а *f* -и	ко́ж/а *f* -и
legen	кла́/сти (-ду́, -де́ш) - покла́/сти	кла/сть (-ду́, -дёшь) - полож/и́ть (-у́, -ишь)
Lehrbuch	підру́чник *m* -а	уче́бник *m* -а
Lehrer(in)	вчи́тел/ь *m* -я, вчи́тельк/а *f* -и	учи́тел/ь *m* -я, учи́тельниц/а *f* -ы
leicht	легк/и́й, -а́, -е́, ле́гко	лёгк/ий, -ая, -ое, легко́
leider	на жаль	к сожале́нию
leise	ти́х/ий, -а, -е, ти́хо	ти́х/ий, -ая, -ое, ти́хо
Leiter	керівни́к *m* -а́, драби́н/а *f* -и	руководи́тел/ь *m* -я, ле́стниц/а *f* -ы
lernen	вч/и́ти (-у́, -иш), навча́/тися (-юсь, -єшся)	уч/и́ть (-у́, -ишь), уч/и́ться (-у́сь, -ишься)

Deutsch	Ukrainisch	Russisch
Lernen, Studium	навча́нн/я *n* -я	учё́б/а *f* -ы
lesen	чита́ти (-ю, -єш)	чита́ть (-ю, -ешь)
Liebe	любо́в *f* -і, коха́нн/я *n* -я	люб/о́вь *f* -ви́
lieben, mögen	люб/и́ти (-лю́, -иш), коха́ти (-ю, -єш)	люб/и́ть (-лю́, -ишь)
Ich liebe dich.	Я тебе́ коха́ю (люблю́).	Я тебя́ люблю́.
Lied	пі́сн/я *f* -і	пе́сн/я *f* -и
Liege	куше́тк/а *f* -и, тахт/а́ *f* -и́	куше́тк/а *f* -и, тахт/а́ *f* -ы́
liegen	леж/а́ти (-у́, -и́ш)	леж/а́ть (-у́, -и́шь)
links	ліво́руч	сле́ва, нале́во
Löffel	ло́жк/а *f* -и	ло́жк/а *f* -и
Lohn	зарпла́т/а *f* -и	зарпла́т/а *f* -ы
Luft	пові́тр/я *n* -я	во́здух *m* -а
Luftfahrt	авіа́ці/я *f* -ї	авиа́ци/я *f* -и
Luftpost	авіапо́шт/а *f* -и	авиапо́чт/а *f* -ы
per ...	авіапо́штою	авиапо́чтой

M

machen, tun	роб/и́ти (-лю́, -иш) - зроб/и́ти	де́ла/ть (-ю, -ешь) - сде́ла/ть
Mädchen	ді́вчинк/а *f* -и, дівча́ *n* -ти, ді́вчин/а *f* -а	де́вочк/а *f* -и, де́вушк/а *f* -и
malen	малю́/вати (-ю, -єш) - намалю́/вати	рис/ова́ть (-у́ю, -у́ешь) - нарис/ова́ть
manchmal	і́нколи, де́коли	иногда́
Mann	чолові́к *m* -а	мужчи́н/а *m* -ы, муж *m* -а
Mannschaft	кома́нд/а *f* -и	кома́нд/а *f* -ы
Mantel	пальт/о́ *n* -а́	пальто́ *n* ind.
Markt	ри́н/ок *m* -ку, база́р *m* -у	ры́н/ок *m* -ка, база́р *m* -а
Maß	мі́р/а *f* -и, мі́рк/а *f* -и, ро́змір *m* -у	ме́р/а *f* -ы, разме́р *m* -а
Matratze	матра́ц *m* -а	матра́ц, матра́с *m* -а
Mauer	стін/а́ *f* -и́, огоро́ж/а *f* -і, мур *m* -у	стен/а́ *f* -ы́, огра́д/а *f* -ы
Maus	ми́ш/а *f* -і, ми́шк/а *f* -и	мыш/ь *f* -и, мы́шк/а *f* -и
Mechaniker	маха́нік *m* -а	меха́ник *m* -а
Meer	мо́р/е *n* -я	мо́р/е *n* -я
Meerschweinchen	морськ/а́ сви́нк/а *f*	морск/а́я сви́нк/а *f*

Deutsch	Ukrainisch	Russisch
mehr	бі́льше, бі́льш	бо́льше, бо́лее
mein, meine	мі/й, мо/я́, мо/є́, мої́	мо/й, мо/я́, мо/ё́, мои́
meiner Meinung nach	на мою́ ду́мку	на мой взгляд
Melone	каву́н *m* -а́	арбу́з *m* -а́
Mensch(en)	люди́н/а *f* -и, лю́д/и *Pl.* -е́й	челове́к *m* -а, лю́д/и *Pl.* -е́й
Messer	н/іж *m* -ожа́	нож *m* -а́
Miete	квартпла́т/а *f* -и, оре́нд/а *f* -и, винайма́нн/я *n* -я	квартпла́т/а *f* -ы, аре́нд/а *f* -ы, на/ём *m* -йма
Mieter	виннайма́ч *m* -а́, квартира́нт *m* -а	квартиросъём̈щик *m* -а, квартира́нт *m* -а
Mietvertrag	до́гов/ір про винайма́нн/я житл/а́ *m*	догово́р о на́/йме кварти́р/ы *m*
Mikrowelle	мікрохвильов/а́ п/іч *f*	микроволно́в/ая печ/ь *f*
Milch	молок/о́ *n* -а́	молок/о́ *n* -а́
Mineralwasser	мінера́льн/а вод/а́ *f*	минера́льн/ая вод/а́ *f*
Minister	міні́стр *m* -а	мини́стр *m* -а
Ministerpräsident	прем'є́р-міні́стр *m* -а	премье́р-мини́стр *m* -а
mit	з, із, зі *(I)*	с, со *(I)*
Mittag	пі́вд/ень *m* -ня, полу́д/ень *m* -ня	по́лд/ень *m* -ня
am ...	опі́вдні, ополу́дні	в по́лдень
zu ... essen	обі́да/ти (-ю, -єш) - пообі́д/ати	обе́да/ть (-ю, -ешь) - пообе́д/ать
Mittagessen	обі́д *m* -у	обе́д *m* -а
Mitte	середи́н/а *f* -и, центр *m* -у	середи́н/а *f* -ы, центр *m* -а
Mittwoch	серед/а́ *f* -и́	сред/а́ *f* -ы́
am ...	у се́ред/у	в сре́д/у
Möbel	ме́бл/і *Pl.* -ів	ме́бел/ь *f* -и
Mode	мо́д/а *f* -и	мо́д/а *f* -ы
modern	суча́сн/ий, -а, -е, суча́сно	совреме́нн/ый, -ая, -ое, совреме́нно
mögen	люб/и́ти (-лю́, -иш), хо/ті́ти (-чу, -чеш)	люб/и́ть (лю, -ишь), хо/те́ть (-чу, -чешь)
möglich	можли́в/ий, -а, -е, можли́во	возмо́жн/ый, -ая, -ое, возмо́жно
Möglichkeit	можли́в/ість *f* -ості	возмо́жност/ь *f* -и
Moldawien / Moldowa	Молдо́в/а *f* -и	Молдо́в/а *f* -ы
Monat	мі́сяц/ь *m* -я	ме́сяц *m* -а

Deutsch	Ukrainisch	Russisch
Mond	місяц/ь *m* -я	лун/а *f* -ы́
Montag	понеді́л/ок *m* -ка	понеде́льник *m* -а
am ...	у понеді́л/ок	в понеде́льник
Morgen	ра́н/ок *m* -ку	у́тр/о *n* -а́
am ..., morgens	вра́нці, ура́нці	у́тром
morgen	за́втра	за́втра
Müll	смітт/я́ *n* -я́	му́сор *m* -а
Mülleimer	відр/о́ для смітт/я́ *n*, сміття́рк/а *f* -и	ведр/о́ для му́сор/а *n*, му́сорник *m* -а
Mund	рот *m* -а, уст/а́, вуст/а́ *Pl.* -	р/от *m* -та
mündlich	усн/и́й, -а, -е, у́сно	у́стн/ый, -ая, -ое, у́стно
Musik	му́зик/а *f* -и	му́зык/а *f* -и
müssen	му́/сити (-шу, -сиш)	-
ich muss	я му́шу, я пови́нен (пови́нна)	мне ну́жно, я до́лжен (должна́)
Mutter	ма́т/и *f* -ері, га́йк/а *f* -и	ма́т/ь *f* -ери, га́йк/а *f* -и
Muttersprache	рі́дн/а мо́в/а *f*	родн/о́й язы́к *m*
Mütze	ша́пк/а *f* -и	ша́пк/а *f* -и

N

nach	пі́сля, до *(G)* в, у, на *(A)*	по́сле *(G)*, в, на *(A)*
Nachbar(in)	сусі́д *m* -а, сусі́дк/а *f* -и	сосе́д *m* -а, сосе́дк/а *f* -и
Nachmittag	пообі́дн/ій час *m*, пообі́дд/я *n* -я	послеобе́денн/ое вре́м/я *n*
am ...	пі́сля обі́д/у, пополу́дні	по́сле обе́д/а
Nachname	прі́звищ/е *n* -а	фами́ли/я *f* -и
Nacht	н/іч *f* -о́чі	ноч/ь *f* -и
Nachthemd	нічн/а́ соро́чк/а *f*	ночн/а́я руба́шк/а *f*
nah(e)	близьк/и́й, -а́, -е́, бли́зько, недале́к/ий, -а, -е, недале́ко	бли́зк/ий, -ая, -ое, бли́зко, недалёк/ий, -ая, -ое, недалеко́
nähen	ши́/ти, (-ю, -єш)	ш/ить (-ью, -ьёшь)
Nähmaschine	шве́йн/а маши́нк/а *f*	шве́йн/ая маши́н/а *f*
Name	ім/'я́ *n* -ені, прі́звищ/е *n* -а, назв/а *f* -и	и́м/я *n* -ени, фами́ли/я *f* -и, назва́ни/е *n* -я
Nase	н/іс *m* -о́са	нос *m* -а
nass	мо́кр/ий, -а, -е, мо́кро	мо́кр/ый, -ая, -ое, мо́кро
Natur	приро́д/а *f* -и	приро́д/а *f* -ы

Deutsch	Ukrainisch	Russisch
neben, an	бíля, кóло *(G)*	вóзле, óколо, у *(G)*
nehmen	б/рáти (-ерý, -ерéш) - в/зя́ти (-ізьмý, -íзьмеш)	б/рáть (-ерý, -ерёшь) - в/зять (-озьмý, -озьмёшь)
nein	ні	нет
Nest	гнізд/ó *n* -á	гнезд/ó *n* -á
neu	нов/и́й, -á, -é, по-новóму	нóв/ый, -ая, -ое, по-нóвому
nicht, kein	не	не
nichts	нічóго, ніщó	ничегó, ничтó
nie, niemals	нікóли	никогдá
Niederlande	Нідерлáнд/и *Pl.* -ів	Нидерлáнд/ы *Pl.* -ов
niedrig	низьк/и́й, -á, -é, ни́зько	ни́зк/ий, -ая, -ое, ни́зко
Niveau	рíв/ень *m* -ня	ýров/ень *m* -ня
noch	ще	ещё
Nord-, nördlich	півнíчн/ий, -а, -е	сéверн/ый, -ая, -ое
Norden	півн/іч *f* -очí	сéвер *m* -а
im ...	на пíвн/очí	на сéвер/е
Nord-Ost (West)	півнíчн/ий сх/ід (зáх/ід) *m*	сéверо-востóк (зáпад) *m*
Norwegen	Норвéгі/я *f* -ї	Норвéги/я *f* -и
nur	лишé, тíльки	лишь, тóлько
Nuss	горíх *m* -а	орéх *m* -а
Nutzen	кóрист/ь *f* -і	пóльз/а *f* -ы
nützlich	кори́сн/ий, -а, -е, кори́сно	полéзн/ый, -ая, -ое, полéзно

O

ob	чи	ли
oben	нагорí, угорí, вгорí	наверхý, вверхý
nach ...	вгóру, угóру, догори́	навéрх, вверх
Ober	офіціáнт *m* -а	официáнт *m* -а
Oberst	полкóвник *m* -а	полкóвник *m* -а
Obst	фрýкт/и *Pl.* -ів, óвоч/і *Pl.* -ів	фрýкт/ы *Pl.* -ов
Obstgarten	сад *m* -у	сад *m* -а
oder	чи	и́ли
Ofen	п/іч *f* -éчі	печ/ь *f* -и́
Offizier	офіцéр *m* -а	офицéр *m* -а
oft	чáсто	чáсто
ohne	без *(G)*	без *(G)*

Deutsch	Ukrainisch	Russisch
Ohr(en)	ву́х/о *n* -а, ву́х/а *Pl.* -	у́х/о *n* -а, у́ш/и *Pl.* -е́й
Öl	олі́/я *f* -ї	ма́сл/о *n* -а
Orange	апельси́н *m* -а, помара́нч/а *f* -і	апельси́н *m* -а
orange	жовтогаря́ч/ий, -а, -е, помара́нчев/ий, -а, -е	ора́нжев/ый, -ая, -ое
Ordnung	поря́д/ок *m* -ку, лад *m* -у	поря́д/ок *m* -ка
In …!	Гара́зд!	Хорошо́!
Ost-, östlich	схі́дн/ий -а, -е	восто́чн/ый, -ая, -ое
Osten	сх/ід *m* -о́ду	восто́к *m* -а
im …	на сх/о́ді	на восто́к/е
Osterei	писа́нк/а *f* -и, кра́шанк/а *f* -и	пасха́льн/ое яйц/о́ *n*, кра́шенк/а *f* -и
Ostern	Вели́к/день *m* -о́дня, Па́сх/а *f* -и	Па́сх/а *f* -и
Österreich	А́встрі/я *f* -ї	А́встри/я *f* -и
Österreicher(in)	австрі́/єць *m* -йця, австрі́йк/а *f* -и, австрі́йц/і *Pl.* -ів	австри́/ец *m* -йца, австри́йк/а *f* -и, австри́йц/ы *Pl.* -ев
österreichisch	австрі́йськ/ий, -а, -е	австри́йск/ий, -ая, -ое
Ozean	океа́н *m* -у	океа́н *m* -а

P

paar (einige), Paar	па́ра *(G Pl.)*, па́р/а *f* -и	па́ра *(G Pl.)*, па́р/а *f* -ы
Paket	паке́т *m* -а, поси́лк/а *f* -и, паку́н/ок *m* -ка	паке́т *m* -а, посы́лк/а *f* -и
Palast	пала́ц *m* -у	двор/е́ц *m* -ца́
Panne	ава́рі/я *f* -ї	ава́ри/я *f* -и
Papier	пап/і́р *m* -е́ру	бума́г/а *f* -и
Papierkorb	ко́шик для пап/е́ру *m*	корзи́нк/а для бума́г/и *f*
Parfüm	парфу́м/и *Pl.* -ів	духи́ *Pl.* -о́в
Parkplatz	стоя́нк/а *f* -и	стоя́нк/а *f* -и
Party	вечі́рк/а *f* -и	вечери́нк/а *f* -и
Pass	па́спорт *m* -а	па́спорт *m* -а
Passagier	пасажи́р *m* -а	пассажи́р *m* -а
Passkontrolle	па́спортн/ий контро́л/ь *m*	па́спортн/ый контро́л/ь *m*
Passwort	паро́л/ь *m* -ю	паро́л/ь *m* -я
Pate (-in)	хреще́н/ий ба́тьк/о *m*, хреще́н/а ма́т/и *f*	кре́стн/ый (от/е́ц) *m*, кре́стн/ая (мат/ь) *f*

Basisvokabular

Deutsch	Ukrainisch	Russisch
Patenkind	хреще́ник *m* -а, хреще́ниц/я *f* -і	кре́стник *m* -а, кре́стниц/а *f* -ы
Pause	па́уз/а *f* -и, пере́рв/а *f* -и	па́уз/а *f* -ы, переры́в *m* -а
Person	осо́б/а *f* -и	лиц/о́ *n* -а́
Personalausweis	посві́дченн/я *n* -я, па́спорт *m* -а	удостовере́ни/е ли́чност/и *n*, па́спорт *m* -а
Pfanne	сковород/а́ *f* -и́, пате́льн/я *f* -і	сковород/а́ *f* -ы́, сковоро́дк/а -и
Pfarrer	свяще́нник *m* -а	свяще́нник *m* -а
Pfeffer	пе́р/ець *m* -цю	пе́р/ец *m* -ца
Pfefferstreuer	пе́речниц/я *f* -і	пе́речниц/а *f* -ы
Pfeife	свист/о́к *m* -ка́, лю́льк/а *f* -и, фа́йк/а *f* -и	свист/о́к *m* -ка́, тру́бк/а *f* -и
Pferd	к/інь *m* -оня́	кон/ь *m* -я́
Pfingsten	Трі́йц/я *f* -і	Тро́иц/а *f* -ы
Pflanze	росли́н/а *f* -и	расте́ни/е *n* -я
Pflaume	сли́вк/а *f* -и	сли́в/а *f* -ы
Pförtner	портьє́ *m ind.*, вахте́р *m* -а	портье́ *m ind.*, вахтёр *m* -а
Planet	плане́т/а *f* -и	плане́т/а *f* -ы
Platz	пло́щ/а *f* -і, майда́н *m* -у, мі́сц/е *n* -я	пло́щад/ь *f* -и, ме́ст/о *n* -а
Polen	По́льщ/а *f* -і	По́льш/а *f* -и
Polizei	полі́ці/я *f* -ї, мілі́ці/я *f* -ї	поли́ци/я *f* -и, мили́ци/я *f* -и
Polizist	поліце́йськ/ий *m* -ого, міліціоне́р *m* -а	полице́йск/ий *m* -ого, милиционе́р *m* -а
Post	по́шт/а *f* -и	по́чт/а *f* -ы
Postkarte	листі́вк/а *f* -и	почто́в/ая откры́тк/а *f* -и
Prachtkerl	молод/е́ць *m* -ця́	молод/е́ц *m* -ца́
Präsident	президе́нт *m* -а	президе́нт *m* -а
Preis	цін/а́ *f* -и́, ва́рт/ість *f* -ості	цен/а́ *f* -ы́, сто́имост/ь *f* -и
privat	прива́тн/ий, -а, -е, прива́тно	частн/ый, -ая, -ое
Privateigentum	прива́тн/а вла́сн/ість *f*	ча́стн/ая со́бственност/ь *f*
Professor	профе́сор *m* -а	профе́ссор *m* -а
Prost!	На здоро́в'я! Бу́дьмо!	На здоро́вье!
Provinz	прові́нці/я *f* -ї	прови́нци/я *f* -и
Prüfung	переві́рк/а *f* -и, екза́мен *m* -у, і́спит *m* -у	прове́рк/а *f* -и, экза́мен *m* -а

Deutsch	Ukrainisch	Russisch
Pullover	світр *m* -а, пуловер *m* -а	свитер *m* -а, пуловер *m* -а
pünktlich	пунктуа́льн/ий, -а, -е, пунктуа́льно	пунктуа́льн/ый, -ая, -ое, пунктуа́льно
Puppe	ля́льк/а *f* -и	ку́кл/а *f* -ы
putzen	чи́стити (-щу, -стиш), прибира́ти (-ю, -єш)	чи́стить (-щу, -стишь), убира́ть (-ю, -ешь)
Putzfrau	прибира́льниц/я *f* -і	убо́рщиц/а *f* -ы

Q

Quaddel	пухи́р *m* -я́	волды́р/ь *m* -я́
Qual	му́к/а *f* -и, нару́г/а *f* -и	му́к/а *f* -и, терза́ни/е *n* -я
Qualle	меду́з/а *f* -и	меду́з/а *f* -ы
Qualität	я́к/ість *f* -ості	ка́честв/о *n* -а
Quark	сир *m* -у	творо́г *m* -а́
Quelle	джерел/о́ *n* -а́	исто́чник *m* -а, родни́к *m* -а́
Quittung	квита́нці/я *f* -ї, розпи́ск/а *f* -и	квита́нци/я *f* -и, распи́ск/а *f* -и

R

Rad	ко́л/о *n* -а	колес/о́ *n* -а́
Radio	ра́діо *n ind.*	ра́дио *n ind.*
Rahmen	ра́м/а *f* -и	ра́м/а *f* -ы
Ramsch	мо́тлох *m* -у, дрант/я́ *n* -я́	хлам *m* -а, барахл/о́ *n* -а́
Rasen	газо́н *m* -у	газо́н *m* -а
Rasenmäher	газонокоса́рк/а *f* -и	газонокоси́лк/а *f* -и
Rasierapparat	бри́тв/а *f* -и	бри́тв/а *f* -ы
rasieren, sich	гол/и́тися (-ю́сь, -и́шся) - погол/и́тися	бр/и́ться (-е́юсь, -е́ешься) - побр/и́ться
Rat	ра́д/а *f* -и, пора́д/а *f* -и	сове́т *m* -а
raten	ра́д/ити (жу, -иш) - пора́д/ити	сове́т/овать (-ую, -уешь) - посове́т/овать
Rathaus	ра́туш/а *f* -і	ра́туш/а *f* -и
Raum	примі́щенн/я *n* -я	помеще́ни/е *n* -я
Rechnung	раху́н/ок *m* -ку	счёт *m* -а
Recht	пра́в/о *n* -а	пра́в/о *n* -а
rechts	право́руч	спра́ва, напра́во
Rechtsanwalt	правозахисни́к *m* -а́, адвока́т *m* -а	правозащи́тник *m* -а, адвока́т *m* -а

Deutsch	Ukrainisch	Russisch
Regal	поли́ц/я f -ї	по́лк/а f -и
Regel	пра́вил/о n -а	пра́вил/о n -а
Regen, es regnet	дощ m -у, па́да/є (і/де́) дощ	дожд/ь m -я, па́да/ет (ид/ёт) дожд/ь
Regenschirm	парасо́л/я f -ї	зонт m -а, зо́нтик m -а
Regierung	у́ряд m -у	прави́тельств/о n -а
reich	бага́т/ий, -а, -е	бога́т/ый, -ая, -ое
Reichtum	бага́тств/о n -а	бога́тств/о n -а
reif	зрі́л/ий, -а, -е, сти́гл/ий, -а, -е	зре́л/ый, -ая, -ое, спе́л/ый, -ая, -ое
Reifen	ши́н/а f -и	ши́н/а f -ы
Reis	рис m -у	рис m -а
Reise	подоро́ж f -і	путеше́стви/е n -я
Reiseführer	путівни́к m -а́	путеводи́тел/ь m -я
Reiseleiter	керівни́к гру́п/и m	руководи́тел/ь групп/ы m
reisen	подорожу/ва́ти (-ю, -єш)	путеше́ств/овать (-ую, -уешь)
Reißverschluss	блиска́вк/а f -и	мо́лни/я f -и
Rente	пе́нсі/я f -ї	пе́нси/я f -и
Rentner(in)	пенсіоне́р m -а, пенсіоне́рк/а f -и	пенсионе́р m -а, пенсионе́рк/а f -и
Reparatur	ремо́нт m -у	ремо́нт m -а
Republik	респу́блік/а f -и	респу́блик/а f -и
Republik Österreich	Респу́блік/а А́встрі/я f	Респу́блик/а А́встри/я f
reservieren	броню/ва́ти (-ю, -єш) - заброню/ва́ти	брони́р/овать (-ую, -уешь) - заброни́р/овать
Rest	за́лиш/ок m -ку, зда́ч/а f -і	оста́т/ок m -ка, сда́ч/а f -и
Restaurant	рестора́н m -у	рестора́н m -а
Rettungsdienst	слу́жб/а швидк/о́ї допомо́г/и f, рятунко́в/а слу́жб/а f	слу́жб/а ско́р/ой по́мощ/и f, спаса́тельн/ая слу́жб/а f
Rettungswagen	маши́н/а швидк/о́ї допомо́г/и f	маши́н/а ско́р/ой по́мощ/и f
Rezeption	реєстра́ці/я f -ї, прийо́м m -у, адміністра́ці/я f -ї	регистра́ци/я f -и, прие́м m -а, администра́ци/я f -и
richtig	пра́вильн/ий, -а, -е, пра́вильно	пра́вильн/ый, -ая, -ое, пра́вильно
Rock	спідни́ц/я f -і, рок m -у	ю́бк/а f -и, рок m -а

Deutsch	Ukrainisch	Russisch
Roller	самока́т *m* -у	самока́т *m* -а
Rollstuhl	інвалі́дн/ий віз/о́к *m*	инвали́дн/ая коля́ск/а *f*
Röntgen	рентге́н *m* -у	рентге́н *m* -а
rosa	роже́в/ий, -а, -е	ро́зов/ый, -ая, -ое
rot	черво́н/ий, -а, -е, руд/и́й, -а́, -е́ *(Haar)*	кра́сн/ый -ая, -ое, ры́ж/ий, -ая, -ее *(Haar)*
Rücken	спин/а́ *f* -и́, -кри́ж/і *Pl.* -ів	спин/а́ *f* -ы́, поясни́ц/а *f* -ы
Rückkehr	пове́рненн/я *n* -я	возвраще́ни/е *n* -я
Rücklicht	за́дн/ій ліхта́р *m*	за́дн/ий фона́р/ь *m*
Ruhe	спо́к/ій *m* -о́ю, ти́ш/а *f* -і	поко́й *m* -я, тишин/а́ *f* -ы́
Ruhe!	Ти́хо!	Ти́хо!
ruhig	спокі́йн/ий, -а, -е, спокі́йно, ти́х/ий, -а, -е, ти́хо	споко́йн/ый, -ая, -ое, споко́йно, ти́х/ий, -ая, -ое, ти́хо
Rührgerät	мі́ксер *m* -а	ми́ксер *m* -а
Rumänien	Румуні́/я *f* -ї	Румы́ни/я *f* -и
rund	кру́гл/ий, окру́гл/ий, -а, -е	кру́гл/ый, -ая, -ое
Rundfunk	радіомо́вленн/я *n* -я	радиовеща́ни/е *n* -я
Russe(n), Russin	росія́нин *m* -а, росія́нк/а *f* -и, росія́н/и *Pl.* -	ру́сск/ий *m* -ого, ру́сск/ая *f* -ой, ру́сск/ие *Pl.* -их
russisch	росі́йськ/ий, -а, -е, по-росі́йськи	ру́сск/ий, -ая, -ое, по-ру́сски
Russland	Росі́/я *f* -ї	Росси́/я *f* -и

S

Saal	зал *m* -у, за́л/а *f* -и	зал *m* -а
Sache, Ding	р/іч *f* -е́чі	вещ/ь *f* -и
Saft	с/ік *m* -о́ку	сок *m* -а
sagen	ка/за́ти (-жу́, -жеш) - ска/за́ти	говор/и́ть (-ю́, -и́шь) - ска/за́ть (-жу́, -жешь)
Sahne	вершк/и́ *Pl.* -і́в	сли́в/ки *Pl.* -ок
Salz	с/іль *f* -о́лі	сол/ь *f* -и
Salzdose	сільни́ц/я *f* -і	соло́нк/а *f* -и
sammeln	збира́ти (-ю, -єш), колекціону/ва́ти (-ю, -єш)	собира́/ть (-ю, -ешь) - коллекциони́р/овать (-ую, -уешь)
Samstag	субо́т/а *f* -и	суббо́т/а *f* -ы
am ...	у субо́т/у	в суббо́т/у
Sand	піс/о́к *m* -ку́	пес/о́к *m* -ка́

Deutsch	Ukrainisch	Russisch
satt	си́т/ий, -а, -е, си́то	сы́т/ый, -ая, -ое, сы́то
sauber	чи́ст/ий, -а, -е, чи́сто	чи́ст/ый, -ая, -ое, чи́сто
sauber machen	чи́/стити (-щу, -стиш) - почи́/стити, прибира́ти (-ю, -єш) - приб/ра́ти (-еру́, -ере́ш)	чи́/стить (-щу, -стишь) - почи́/стить, убира́ть (-ю, -ешь) - уб/ра́ть (-еру́, -ерёшь)
sauer	ки́сл/ий, -а, -е, квасн/и́й, -а́, -е́	ки́сл/ый, -ая, -ое
... werden	ки́сн/ути (-е, -уть) - ски́сн/ути	ки́сн/уть (-ет, -ут) - проки́сн/уть
saure Sahne	смета́н/а f -и	смета́н/а f -ы
Schach spielen	гра́ти у ша́х/и	игра́ть в ша́хмат/ы
schade	шкода́	жаль
Schaden	шко́д/а f -и, зби́т/ок m -ку	вред m -а́, убы́т/ок m -ка
Schaf	вівц/я́ f -і́	овц/а́ f -ы́
Schaffner	конду́ктор m -а, провідни́к m -а́	кондýктор m -а, проводни́к m -а́
Schal	ша́лик m -а, шал/ь f -і́	шарф m -а́, шал/ь f -и
Schalter	віко́нц/е n -я, вимика́ч m -а́	око́шк/о n -а, выключа́тел/ь m -я
Schale	ча́ш/а f -і, шкарлу́п/а f -и, лушпи́нн/я n -я	ча́ш/а f -и, скорлу́п/а f -ы, шелу́х/а f -и́
scharf	го́стр/ий, -а, -е, го́стро	о́стр/ый, -ая, -ое, о́стро
Schatten	тін/ь f -і́	тен/ь f -и
schauen	див/и́тися (-лю́сь, -ишся) - подив/и́тися	смотр/е́ть (-ю́, -ишь) - посмотр/е́ть
Schaukelstuhl	крі́сл/о-гойда́лк/а n	кре́сл/о-кача́лк/а n
scheiden lassen, sich	розлуча́/тися (-ю́сь, -єшся) - розлуч/и́тися (-у́сь, -ишся)	разво/ди́ться (-жу́сь, -дишься) - разве/сти́сь (-ду́сь, -дёшься)
Scheidung	розлу́ченн/я n -я, розв/і́д m -о́ду	развод m -а
Schere	но́жиц/і Pl. -ів	но́жниц/ы Pl. -
schief	крив/и́й, -а́, -е́, кри́во, ко́с/ий, -а, -е, ко́со	крив/о́й, -а́я, -о́е, кри́во, кос/о́й, -а́я, -о́е, ко́со
schießen	стріля́/ти (-ю, -єш)	стреля́/ть (-ю, -ешь)
Schirmmütze	карту́з m -а́, кашке́т m -а	ке́пк/а f -и, фура́жк/а f -и
Schlaf	с/он m -ну	с/он m -на
Schlafanzug	піжа́м/а f -и	пижа́м/а f -ы

Basisvokabular

Deutsch	Ukrainisch	Russisch
schlafen	сп/а́ти (-лю, -иш)	сп/ать (-лю, -ишь)
Schlafmittel	сноді́йн/е *n* -ого	снотво́рн/ое *n* -ого
Schlafwagen	спа́льн/ий ваго́н *m*	спа́льн/ый ваго́н *m*
Schlafzimmer	спа́льн/я *f* -і	спа́льн/я *f* -и
schlagen	б/и́ти (-'ю, -'єш)	б/ить (-ью, -ьёшь)
schlau	хи́тр/ий, -а, -е, хи́тро, розу́мн/ий, -а, -е	хи́тр/ый, -ая, -ое, хи́тро у́мный, -ая, -ое
schlecht	пога́н/ий, -а, -е, пога́но	плох/о́й, -а́я, -о́е, пло́хо
Schloss *(Palast)*	за́м/ок *m* -ку	за́м/ок *m* -ка
Schloss *(Tür-)*	зам/о́к *m* -ка́	зам/о́к *m* -ка́
Schlüssel	ключ *m* -а́	ключ *m* -а́
schmackhaft	смачн/и́й, -а́, -е́, сма́чно	вку́сн/ый, -ая, -ое, вку́сно
Schmerz(en)	б/іль *m* -о́лю	бол/ь *f* -и
Schmerzmittel	знебо́люю́ч/ий за́с/іб *m*	обезбо́ливающ/ее сре́дств/о *n*
Schmuck	прикра́с/а *f* -и	украше́ни/е *n* -я
Schmutz	бруд *m* -у	гряз/ь *f* -и
schmutzig	брудн/и́й, -а́, -е́, бру́дно	гря́зн/ый, -ая, -ое, гря́зно
Schnäppchen	деше́в/ий това́р *m*	дешёв/ый това́р *m*
schnell	швидк/и́й, -а́, -е́, шви́дко, прудк/и́й, -а́, -е́, пру́дко, мото́рн/ий, -а, -е, мото́рно	бы́стр/ый, -ая, -ое, бы́стро, ско́р/ый, -ая, -ое, ско́ро
schneller	шви́дше, прудкі́ше	быстре́е, скоре́е
schon	вже, уже́	уже́
schön	га́рн/ий, -а, -е, га́рно, вродли́в/ий, -а, -е	краси́в/ый, -ая, -ое, краси́во
Schrank	ша́ф/а *f* -и	шкаф *m* -а
schreiben	пи/са́ти (-шу́, -шеш) - напи/са́ти	пи/са́ть (-шу́, -шешь) - напи/са́ть
Schreibmaschine	друка́рськ/а маши́нк/а *f*	пи́шущ/ая маши́нк/а *f*
Schreibtisch	письмо́в/ий ст/іл *m*	пи́сьменн/ый стол *m*
schriftlich	письмо́в/ий, -а, -е, письмо́во	пи́сьменн/ый, -ая, -ое, пи́сьменно
Schriftsteller	письме́нник *m* -а	писа́тел/ь *m* -я
Schuhe, Schuhwerk	взутт/я́ *n* -я́	о́був/ь *f* -и
Schule	шко́л/а *f* -и	шко́л/а *f* -ы
Schüler(in)	школя́р *m* -а́, школя́рк/а *f* -и, у́ч/ень *m* -ня, учени́ц/я *f* -і	шко́льник *m* -а, шко́льниц/а *f* -ы, учени́к *m* -а́, учени́ц/а *f* -ы

Deutsch	Ukrainisch	Russisch
Schüssel	ми́ск/а f -и	ми́ск/а f -и
Schwager	своя́к m -а́, шва́г/ер m -ра	своя́к m -а́
Schwägerin	своя́чениц/я f -і, швагер́к/а -и	своя́чениц/а f -ы
Schwamm	гу́бк/а f -и	моча́лк/а f -и
schwanger	вагі́тн/а	бере́менн/ая
schwarz	чо́рн/ий, -а, -е	чёрн/ый, -ая, -ое
Schweden	Швеці/я f -ї	Швеци/я f -и
Schwein	свин/я́ f -і́	свинь/я́ f -и́
Schweinefleisch	свини́н/а f -и	свини́н/а f -ы
Schweiz	Швейца́рі/я f -ї	Швейца́ри/я f -и
Schweizer(in)	швейца́р/ець m -ця, швейца́рк/а f -и, швейца́рц/і -ів Pl.	швейца́р/ец m -ца, швейца́рк/а f -и, швейца́рц/ы Pl. -ев
schweizerisch	швейца́рськ/ий, -а, -е	швейца́рск/ий, -ая, -ое
Schweizerische	Швейца́рськ/а	Швейца́рск/ая
Eidgenossenschaft	Конфедера́ці/я f	Конфедера́ци/я f
schwer, schwierig	тяжк/и́й, -а́, -е́, тя́жко, важк/и́й, -а́, -е́, ва́жко	тяжёл/ый -ая, -ое, тяжело́, тру́дн/ый, -ая, -ое, тру́дно
Schwester	сестр/а́ f -и́	сестр/а́ f -ы́
Schwiegermutter (-vater)	те́щ/а f -і, свекру́х/а f -и, тест/ь m -я, свек/ор m -ра	тёщ/а f -и, свекро́в/ь f -и, тест/ь m -я, свёкр m -а
Schwiegersohn (-tochter)	зят/ь m -я, неві́стк/а f -и	зят/ь m -я, неве́стк/а f -и, снох/а́ f -и́
Schwimmbad	басе́йн m -у	бассе́йн m -а
schwimmen	пла́ва/ти (-ю, -єш) - плив/ти́ (-у́, -е́ш)	пла́ва/ть (-ю, -ешь) - плы/ть (-ву́, -вёшь)
See	о́зер/о n -а, мо́р/е n -я	о́зер/о n -а, мо́р/е n -я
sehen	ба́ч/ити (-у, -иш) - поба́ч/ити	ви́/деть (-жу, -дишь) - уви́деть
sehr	ду́же	о́чень
Seide	шовк m -у	шёлк m -а
Seife	ми́л/о n -а	мы́л/о n -а
Seifenoper	ми́льн/а о́пер/а f	мы́льн/ая о́пер/а f
sein Verb	бу́/ти, є	б/ыть, есть
sein, (seine) Poss.	його́ ind.	его́ ind.
seit	з, від (G)	с, от (G)
Seite	сторі́нк/а f -и, сторо́н/а f -и́, б/ік m -о́ку	страни́ц/а f -ы, сторон/а́ f -ы́

Deutsch	Ukrainisch	Russisch
senden	відправля́/ти (-ю, -єш) - відпра́в/ити (-лю, -иш), переда/ва́ти (-ю́, -є́ш) - переда́/ти (-м, -си́)	отправля́/ть (-ю, -ешь) - отпра́в/ить (-лю, -ишь), переда/ва́ть (-ю́, -ёшь) - переда́/ть (-м, -шь)
Sender	відпра́вник *m* -а, радіостанці/я *f* -ї	отправи́тел/ь *m* -я, радиоста́нци/я *f* -и
Sendung	поси́лк/а *f* -и, переда́ч/а *f* -і	посы́лк/а *f* -и, переда́ч/а *f* -и
Serviette	серве́тк/а *f* -и	салфе́тк/а *f* -и
Sessel	крі́сл/о *n* -а	кре́сл/о *n* -а
setzen, sich	сіда́/ти (-ю, -єш) - с/і́сти (-я́ду, -я́деш)	са/ди́ться (-жу́сь, -ди́шься) - с/е́сть (-я́ду, -я́дешь)
Shampoo	шампу́н/ь *m* -ю	шампу́н/ь *m* -я
Siedlung	се́лищ/е *n* -а	посёл/ок *m* -ка
Silber	срі́бл/о *n* -а	серебр/о́ *n* -а́
singen	співа́/ти (-ю, -єш)	п/еть (-ою́, -оёшь)
sitzen	сид/і́ти (-жу́, -и́ш)	си/де́ть (-жу́, -ди́шь)
Sitzplatz	сидя́ч/е місц/е *n*	сидя́ч/ее мéст/о *n*
Slowakei	Слова́ччин/а *f* -и	Слова́ки/я *f* -и
so	так	так
Sofa	дива́н *m* -у	дива́н *m* -а
Sohn	син *m* -а	сын *m* -а
Sommer	лі́т/о *n* -а	ле́т/о *n* -а
im ...	влі́тку	ле́том
Sonne	со́нц/е *n* -я	со́лнц/е *n* -а
Sonnenblume	соня́шник *m* -а	подсо́лнух *m* -а
Sonntag	неді́л/я *f* -і	воскресе́нь/е *n* -я
am ...	у неді́л/ю	в воскресе́нь/е
Spanien	Іспа́ні/я *f* -ї	Испа́ни/я *f* -и
Sparbuch	оща́дн/а кни́жк/а *f*	сберега́тельн/ая кни́жк/а *f*
Sparbüchse	скарбни́чк/а *f* -и	копи́лк/а *f* -и
Sparkasse	оща́дн/а ка́с/а *f*	сберега́тельн/ая ка́сс/а *f*
spät	пі́зн/ій, -я, -є, пі́зно	по́здн/ий -яя, -ее, по́здно
später	пізні́ше	по́зже
spazieren gehen	гуля́/ти (-ю, -єш)	гуля́/ть (-ю, -ешь)
Spaziergang	прогу́лянк/а *f* -и	прогу́лк/а *f* -и
Spiegel	дзе́ркал/о *n* -а, лю́стр/о *n* -а	зе́ркал/о *n* -а

Deutsch	Ukrainisch	Russisch
Spiel	гр/а f -и	игр/а́ f -ы́
spielen	гра́/ти (-ю, -єш), ба́в/итися (-люсь, -ишся)	игра́/ть (-ю, -ешь)
Spielzeug	і́грашк/а f -и	игру́шк/а f -и
Sport	спорт m -у	спорт m -а
Sportanzug	спорти́вн/ий костю́м m	спорти́вн/ый костю́м m
Sportler(in)	спортсме́н m -а, спортсме́нк/а f -и	спортсме́н m -а, спортсме́нк/а f -и
Sportplatz	спорти́вн/ий майда́нчик m	спорти́вн/ая площа́дк/а f
Sprache	мо́в/а f -и	язы́к m -а́
Sprachführer	розмо́вник m -а	разгово́рник m -а
sprechen	розмовля́/ти (-ю, -єш), говор/и́ти (-ю́, -иш)	разгова́рива/ть (-ю, -ешь), говор/и́ть (-ю́, -и́шь)
Sprechstunde	час прийо́м/у m	вре́м/я приё́м/а
Sprichwort	прислі́в'/я n -я, при́казк/а f -и	посло́виц/а f -ы, погово́рк/а f -и
Springbrunnen	фонта́н m -у	фонта́н m -а
Spur	слід m -у, ко́лі/я f -ї	след m -а́, коле/я́ f -и́
Staat	держа́в/а f -и	госуда́рств/о -а
staatlich	держа́вн/ий, -а, -е	госуда́рственн/ый, -ая, -ое
Staatsangehöriger (-e)	громадя́нин m -а, громадя́нк/а f -и, громадя́н/и Pl.	граждани́н m -а, гражда́нк/а f -и, гра́ждан/е Pl. -
Staatsangehörigkeit	громадя́нств/о n -а	гражда́нств/о n -а
Stadt	мі́ст/о n -а	го́род m -а
stark	си́льн/ий, -а, -е, си́льно	си́льн/ый, -ая, -ое, си́льно
statt	за́мість (G)	вме́сто (G)
stattfinden	відбува́/тися (-ється, -ються) - відбу́/тися (-деться, -дуться)	состо/я́ться (-и́тся, -я́тся)
Staub	по́рох m -у, пил m -у, ку́ряв/а f -и, прах m -у	пыл/ь f -и, прах m -а
Staubsauger	пилосо́с m -а, порохотя́г m -а	пылесо́с m -а
Steckdose	розе́тк/а f -и	розе́тк/а f -и
Stecker	ште́кер m -а	ште́кер m -а
stehen	сто/я́ти (-ю́, -ї́ш)	сто/я́ть (-ю́, -и́шь)
Stein	ка́м/інь m -еня	ка́м/ень m -ня
Stempel	штамп m -у, печа́тк/а f -и	штамп m -а, печа́т/ь f -и

Deutsch	Ukrainisch	Russisch
sterben	вмира́ти (-ю, -єш) - вм/е́рти (-ру́, -реш)	умира́ть (-ю, -ешь) - ум/ере́ть (-ру́, -рёшь)
Stern, Star	зі́рк/а *f* -и	звезд/а́ *f* -ы́
Steuer	керм/о́ *n* -а́, пода́т/ок *m* -ку	рул/ь *m* -я́, нало́г *m* -а
steuern	керу/ва́ти (-ю, -єш)	управля́/ть (-ю, -ешь), рул/и́ть (-ю́, -и́шь)
Stewardess	стюарде́с/а *f* -и	стюарде́сс/а *f* -ы
Stiefbruder (-schwester)	зве́ден/ий брат *m*, зве́ден/а сестр/а́ *f*	сво́дн/ый брат *m*, сво́дн/ая сестр/а́ *f*
Stiefel	чо́б/оти *Pl.* -і́т	сапо́г/и *Pl.* -
Stiefsohn (-tochter)	па́син/ок *m* -ка, па́серб *m* -а, па́сербиц/я *f* -і	па́сын/ок *m* -ка, па́дчериц/а *f* -ы
Stiefvater (-mutter)	ві́тчим *m* -а, ма́чух/а *f* -и	о́тчим *m* -а, ма́чех/а *f* -и
Stift	ру́чк/а *f* -и, олі́в/ець *m* -ця́	ру́чк/а *f* -и, каранда́ш *m* -а́
Stimme	го́лос *m* -у	го́лос *m* -а
stimmen	голосу/ва́ти (-ю, -єш) - проголосу/ва́ти	голосу/ова́ть (-у́ю, -у́ешь) - проголос/ова́ть
Stipendium	стипе́нді/я *f* -ї	стипе́нди/я *f* -и
stören	заважа́/ти (-ю, -єш) - зава́д/ити (-жу, -иш)	меша́/ть (-ю, -ешь) - помеша́/ть
Störung	перешко́д/а *f* -и, ро́злад *m* -у	поме́х/а *f* -и, расстро́йств/о *n* -а
Strafe	штраф *m* -у, ка́р/а *f* -и	штраф *m* -а, наказа́ни/е *n* -я
Strand	пляж *m* -у	пляж *m* -а
Straße	ву́лиц/я *f* -і	у́лиц/а *f* -ы
Straßenbahn	трамва́/й *m* -я	трамва́/й *m* -я
Streichholz (-hölzer)	сірни́к *m* -а́, сірник/и́ *Pl.* -і́в	спи́чк/а *f* -и, спи́ч/ки *Pl.* -ек
Streik	страйк *m* -у	забасто́вк/а *f* -и
streiken	страйку/ва́ти (-ю, -єш)	баст/ова́ть (-у́ю, -у́ешь)
Streit	супере́чк/а *f* -и, сва́рк/а *f* -и	спор *m* -а, ссо́р/а *f* -ы
streiten, sich	спереча́/тися (-юсь, -єшся)	спо́р/ить (-ю, -ишь)
Strickjacke	ко́фт/а *f* -и	ко́фт/а *f* -ы
Strom	рі́к/а́ *f* -и́, пот/і́к *m* -о́ку, струм *m* -у	рек/а́ *f* -и, пото́к *m* -а, ток *m* -а

Deutsch	Ukrainisch	Russisch
Strumpf	панчо́х/а f -и	чул/о́к m -ка́
Strumpfhose	колго́т/ки Pl. -ок	колго́т/ки Pl. -ок
Student(in)	студе́нт m -а, студе́нтк/а f -и	студе́нт m -а, студе́нтк/а f -и
studieren	навча́/тися (-юсь, -єшся), вч/и́тися (-усь, -и́шся)	уч/и́ться (-у́сь, -и́шься)
Studium	навча́нн/я n -я	учё́б/а f -ы
Stuhl	сті́л/ець m -ьця́	стул m -а
Stunde	годи́н/а f -и	час m -а
suchen	шука́/ти (-ю, -єш)	и/ска́ть (-щу́, -щешь)
Süd-, südlich	півде́нн/ий, -а, -е	ю́жн/ый, -ая, -ое
Süden	пі́вд/ень m -ня	юг m -а
im ...	на пі́вд/ні	на ю́г/е
Süd-Ost (West)	півде́нн/ий сх/ід (за́х/ід) m	ю́го-восто́к (за́пад) m
Summe	су́м/а f -и, пі́сум/ок m -ку	су́мм/а f -ы, ито́г m -а
Supermarkt	суперма́ркет m -у	суперма́ркет m -а
Suppe	суп m -у, ю́шк/а f -и	суп m -а
süß	соло́дк/ий, -а, -е, со́лодко	сла́дк/ий, -ая, ое, сла́дко

T

Tablett	підно́с m -а	подно́с m -а
Tablette	табле́тк/а f -и, піґу́лк/а f -и	табле́тк/а f -и
Tafel	до́шк/а f -и	доск/а́ f -и́
Tag	д/ень m -ня	д/ень m -ня
am ...	вдень	днём
täglich	щодня́	ежедне́вно
Tal	доли́н/а f -и	доли́н/а f -ы
tanken	заправля́/ти - запра́в/ити маши́н/у	заправля́/ть - запра́в/ить маши́н/у
Tankstelle	АЗС (автозапра́вн/а ста́нці/я) f, запра́вк/а f -и, бензозапра́вк/а f -и	АЗС (автозапра́вочн/ая ста́нци/я) f, запра́вк/а f -и, бензозапра́вк/а f -и
Tanne	яли́ц/я f -і	ел/ь f -и
Tannenbaum	яли́нк/а f -и	ё́лк/а f -и
Tanz	та́н/ець m -цю	та́н/ец m -ца
tanzen	танцю/ва́ти (-ю, -єш)	танц/ева́ть (-у́ю, -у́ешь)
Tasche	кише́н/я f -і, су́мк/а f -и	карма́н m -а, су́мк/а f -и
Taschenrechner	мікрокалькуля́тор m -а	микрокалькуля́тор m -а
Taschentuch	хусти́нк/а f	носов/о́й плат/о́к m

Deutsch	Ukrainisch	Russisch
Tasse	чашк/а f -и, філіжанк/а f -и	чашк/а f -и
Taufe	хрещенн/я n -я, хрестин/и Pl. -	крещени/е n -я, крестин/ы Pl. -
taufen	хре/стити (-щу, -стиш) - охре/стити	кре/стить (-щу, -стишь) - окре/стить
Taxi	таксі n ind.	такси n ind.
Taxifahrer	таксист m -а	таксист m -а
Taxistand	стоянк/а таксі f	стоянк/а такси f
Tee	ча/й m -ю	ча/й m -я
Teekanne (-kessel)	чайник m -а	чайник m -а
Teelöffel	чайн/а ложк/а f	чайн/ая ложк/а f
Teich	став/ок m -ка	пруд m -а
Teil	частин/а f -и	част/ь f -и
Telefon	телефон m -у	телефон m -а
Telefonbuch	телефонн/а книжк/а f	телефонн/ая книг/а f
Telefongespräch	телефонн/а розмов/а f	телефонн/ый разговор m
Telegramm	телеграм/а f -и	телеграмм/а f -ы
Teller	тарілк/а f -и	тарелк/а f -и
Temperatur	температур/а f -и	температур/а f -ы
Teppich	килим m -а	ков/ёр m -ра
Termin	строк m -у, термін m -у /-а	срок m -а, термин m -а
Terrasse	терас/а f -и	террас/а f -ы
teuer	дорог/ий, -а, -е, дорого	дорог/ой -ая, -ое, дорого
Teufel	чорт m -а, чортяк/а m -и, дідьк/о m -а, біс m -а	чёрт m -а, леш/ий m -его, бес m -а
Zum ...!	До біса!	К чёрту!
Theater	театр m -у	театр m -а
Theaterstück	вистав/а f -и	пьес/а f -ы
Thema	тем/а f -и	тем/а f -ы
Thermometer	термометр m -а	термометр m -а
tief	глибок/ий, -а, -е, глибоко	глубок/ий, -ая, -ое, глубоко
Tiefgarage	підземн/ий гараж m	подземн/ый гараж m
Tier	тварин/а f -и, звір m -я	животн/ое n -ого, звер/ь m -я
Tierarzt	ветеринар m -а	ветеринарн/ый врач m
Tisch	ст/іл m -ола /-олу	стол m -а
Tischdecke	скатерк/а f -и, обрус m -а	скатерт/ь f -и

Basisvokabular

Deutsch	Ukrainisch	Russisch
Tischlampe	настільн/а ламп/а f	настольн/ая ламп/а f
Toaster	тостер m -а	тостер m -а
Tochter	дочк/а f -и, доньк/а f -и	доч/ь f -ери, дочк/а f -и
Tod	смерт/ь f -і	смерт/ь f -и
Toilette	туалет m -у	туалет m -а
Toilettenpapier	туалетн/ий пап/ір m	туалетн/ая бумаг/а f
Topf	горщик m -а	горш/ок m -ка
Tor	вор/ота Pl. -іт, гол m -а	вор/ота Pl. -, гол m -а
Törtchen	тістечк/о n -а	пирожн/ое n -ого
Torte	торт m -у	торт m -а
tot	мертв/ий, -а, -е, нежив/ий, -а, -е	мёртв/ый, -ая, -ое, нежив/ой, -ая, -ое
Traum	мрі/я f -ї, с/он m -ну	мечт/а f -ы, с/он m -на
träumen	мрі/яти (-ю, -єш), сн/итися (-иться, -яться)	мечта/ть (-ю, -ешь), сн/иться (-ится, -ятся)
ich habe geträumt ...	мені снилося ...	мне снилось ...
traurig	сумн/ий, -а, -е, сумно, зажурен/ий, -а, -е, зажурено	печальн/ый, -ая, -ое, печально, грустн/ый, -ая, -ое, грустно
Trauung	одруженн/я n -я, вінчанн/я n -я	бракосочетани/е n -я, венчани/е n -я
Trauzeuge	свід/ок m -ка	свидетел/ь m -я
Treffen	зустріч f -і	встреч/а f -и
treffen, sich	зустріча/тися (-юсь, -єшся) - зустрі/тися (-нусь, -нешся)	встреча/ться (-юсь, -ешься) - встре/титься (-чусь, -тишься)
Treffpunkt	місц/е зустріч/і n	мест/о встреч/и n
Treppe	сход/и Pl. -ів	лестниц/а f -ы, ступен/ьки Pl. -ек
treu	вірн/ий, -а, -е, вірно	верн/ый, -ая, -ое, верно
trinken	п/ити (-'ю, -'єш)	п/ить (-ью, -ьёшь)
Trinkgeld	чайов/і Pl. -их	чаев/ые Pl. -ых
Trinkwasser	питн/а вод/а f	питьев/ая вод/а f
trocken	сух/ий, -а, -е, сухо	сух/ой, -ая, -ое, сухо
trotz	незважаючи на (A)	несмотря на (A)
Truhe	скрин/я f -і	сундук m -а
Tschechien	Чехі/я f -ї	Чехи/я f -и
T-Shirt	футболк/а f -и	футболк/а f -и
Tuch	хустин/а f -и	плат/ок m -ка

Deutsch	Ukrainisch	Russisch
Tulpe	тюльпа́н *m* -а	тюльпа́н *m* -а
Tür	две́р/і *Pl.* -е́й	две́р/ь *f* -и́
Turm	ве́ж/а *f* -і, ба́шт/а *f* -и	ба́шн/я *f* -и

U

U-Bahn	метро́ *n ind.*	метро́ *n ind.*
über	над *(I)*, про *(A)*	над *(I)*, о *(P)*, про *(A)*
überall	всю́ди, скрізь	везде́, повсю́ду
übernachten	ночу́/вати (-ю, -єш) - переночу́/вати	ноч/ева́ть (-у́ю, -у́ешь) - переноч/ева́ть
überraschen	диву́/вати (-ю, -єш) - здиву́/вати	удивля́/ть (-ю, -ешь) - удиви́ть (-лю́, -и́шь)
Überraschung	несподі́ванк/а *f* -и, сюрпри́з *m* -у	неожи́данност/ь *f* -и, сюрпри́з *m* -а
übersetzen	переклада́/ти (-ю, -єш) - перекла́/сти (-ду́, -де́ш)	перево/ди́ть (-жу́, -дишь) - переве/сти́ (-ду́, -дёшь)
Übersetzer, Dolmetscher	переклада́ч *m* -а́	перево́дчик *m* -а
Übersetzung	пере́клад *m* -у	перево́д *m* -а
Ufer	бе́рег *m* -а	бе́рег *m* -а
Uhr	годи́нник *m* -а	час/ы́ *Pl.* -о́в
Ukraine	Украї́н/а *f* -и	Украи́н/а *f* -ы
Ukrainer(in)	украї́н/ець *m* -ця, украї́нк/а *f* -и, украї́нц/і *Pl.* -ів	украи́н/ец *m* -ца, украи́нк/а *f* -и, украи́нц/ы *Pl.* -ев
ukrainisch	украї́нськ/ий, -а, -е, по-украї́нськи	украи́нск/ий, -ая, -ое, по-украи́нски
um	навко́ло, бли́зько *(G)*, о *(P)*, приблизно	вокру́г, о́коло *(G)*, в *(A)*, приблизи́тельно
... 5 Uhr	о п'я́тій годи́ні	в пять часо́в
... zu	щоб(и), аби́	чтоб(ы)
Umleitung	об'ї́зд *m* -у	объе́зд *m* -а
Umschau	о́гляд *m* -у	осмо́тр *m* -а
Umschlag	конве́рт *m* -а, компре́с *m* -у, манже́т *m* -а	конве́рт *m* -а, компре́сс *m* -а, манже́т *m* -а
umsonst	даре́мно, ма́рно	да́ром, зря
Umtausch	обмі́н *m* -у	обме́н *m* -а
umtauschen	обмі́ню/вати (-ю, -єш) - обміня́/ти (-ю, -єш)	обме́нива/ть (-ю, -ешь) - обменя́/ть (-ю, -ешь)
Umtrunk	ви́пивк/а *f* -и	вы́пивк/а *f* -и

Deutsch	Ukrainisch	Russisch
Umweg	об'їзн/и́й (кру́жн/ий) шлях *m*	око́льн/ый путь *m*
Umwelt	довкі́лл/я *n* -я	окружа́ющ/ая сред/а́ *f*
Umzug	перее́зд *m* -у	перее́зд *m* -а
unabhängig	незале́жн/ий, -а, -е, незале́жно	незави́сим/ый, -ая, -ое, незави́симо
Unabhängigkeit	незале́жн/ість *f* -ості	незави́симост/ь *f* -и
Tag der …	День незале́жності *m*	День незави́симости *m*
und, auch	і, й, та	и, да
und, aber	а	а
Unfall	неща́сн/ий ви́пад/ок *m*, ава́рі/я *f* -ї	несча́стн/ый слу́ча/й *m*, ава́ри/я *f* -и
Ungarn	Уго́рщин/а *f* -и	Ве́нгри/я *f* -и
ungefähr	прибли́зн/ий, -а, -е, прибли́зно	приблизи́тельн/ый, -ая, -ое, приблизи́тельно
Unglück	неща́ст/я *n* -я, бід/а́ *f* -и́, го́р/е *n* -я, ли́х/о *n* -а	несча́сть/е -я, бед/а́ *f* -ы́, го́р/е -я, бе́дстви/е *n* -я
ungültig	недійсн/ий, -а, -е	недействи́тельн/ый, -ая, -ое
unmöglich	неможли́в/ий, -а, -е, неможли́во	невозмо́жн/ый, -ая, -ое, невозмо́жно
Unordnung	безла́дд/я *n* -я, розгардія́ш *m* -у	беспоря́д/ок *m* -ка, барда́к *m* -а́
unser (unsere)	наш, на́ш/а, на́ш/е, на́ш/і	наш, на́ш/а, на́ш/е, на́ш/и
unten	унизу́, внизу́	внизу́
… unten	уни́з, вни́з, додо́лу	вниз
unter	під *(I)*	под *(I)*
unterhalten, sich	розмовля́ти (-ю, -єш), розважа́тися (-юсь, -єшся)	бесе́д/овать (-ую, -уешь), развлека́ться (-юсь, -ешься)
Unterhaltung	розмо́в/а *f* -и, розва́г/а *f* -и	бесе́д/а *f* -ы, развлече́ни/е *n* -я
Unterhemd	ни́жн/я соро́чк/а *f*, ма́йк/а *f* -и	ни́жн/яя руба́шк/а *f*, ма́йк/а *f* -и
Unterhose	трус/и́ *Pl.* -і́в, кальсо́н/и *Pl.* -ів	трус/ы́ *Pl.*-о́в, кальсо́н/ы *Pl.* -
Unterkunft	примі́щенн/я *n* -я, житл/о́ *n* -а́	помеще́ни/е *n* -я, жили́щ/е *n* -а
Unternehmen	підприє́мств/о *n* -а	предприя́ти/е *n* -я

Deutsch	Ukrainisch	Russisch
Unternehmer	підприє́м/ець *m* -ця	предпринима́тел/ь *m* -я
Unterricht	заня́тт/я *n* -я,	заня́ти/я *Pl.* -й,
	виклада́нн/я *n* -я	преподава́ни/е *n* -я
unterrichten	виклада́/ти (-ю, -єш)	препода/ва́ть (-ю́, -ёшь)
Unterrichtsstunde	уро́к *m* -у	уро́к *m* -а
Unterschied	рі́зниц/я *f* -і	разли́чи/е *n* -я,
		ра́зниц/а *f* -ы
Unterschrift	пі́дпис *m* -у	по́дпис/ь *f* -и
Untertasse	блю́дц/е *n* -я	блю́дц/е *n* -а
Unterwäsche	ни́жн/я білизн/а *f*	ни́жн/ее бель/ё *n*
Urlaub	відпу́стк/а *f* -и	о́тпуск *m* -а
Urne	у́рн/а *f* -и	у́рн/а *f* -ы
USA	США (Сполу́чен/і	США (Соединённ/ые
	шта́т/и Аме́рик/и) *Pl.*	шта́т/ы Аме́рик/и) *Pl.*

V

Deutsch	Ukrainisch	Russisch
Vase	ва́з/а *f* -и	ва́з/а *f* -ы
Vater, Vati	ба́ьк/о *m* -а, та́т/о *m* -а	от/е́ц *m* -ца́, па́п/а *m* -ы
Vaterland	вітчи́зн/а *f* -и	оте́честв/о *n* -а
Vatersname	ім/'я́ по ба́тьк/ові *n*	о́тчеств/о *n* -а
Verabredung	зу́стріч *f* -і,	встре́ч/а *f* -и,
	поба́ченн/я *n* -я	свида́ни/е *n* -я
verbieten	заборони́/ти (-ю, -єш) -	запреща́/ть (-ю, -ешь) -
	заборон/и́ти (-ю́, -иш)	запре/ти́ть (-щу́, -ти́шь)
Verbindung	зв'яз/о́к *m* -ку́	связ/ь *f* -и
in ...	у зв'язку́	в связи́
Verbot	заборо́н/а *f* -и	запре́т *m* -а
verboten	заборо́нен/ий, -а, -е,	запрещённ/ый, -ая, -ое
	заборо́нено	запрещено́
Verbrauch	ви́трат/а *f* -и,	расхо́д *m* -а,
	спожива́нн/я *n* -я	потребле́ни/е *n* -я
Verbraucher	спожива́ч *m* -а́	потреби́тел/ь *m* -я
Verbrechen	зло́чин *m* -у	преступле́ни/е *n* -я
Verbrecher	злочи́н/ець *m* -ця	престу́пник *m* -а
Verdacht	підо́зр/а *f* -и	подозре́ни/е *n* -я
verdächtig	підозрі́л/ий, -а, -е,	подозри́тельн/ый, -ая, -ое,
	підозрі́ло	подозри́тельно
Verdienst	заробі́т/ок *m* -ку,	за́работ/ок *m* -ка,
	заслу́г/а *f* -и	заслу́г/а *f* -и

Deutsch	Ukrainisch	Russisch
Verfassung	конституці/я *f* -ї	конституци/я *f* -и
Vergangenheit	минул/е *n* -ого	прошл/ое *n* -ого
vergessen	забува́ти (-ю, -єш) - забу́ти (-ду, -деш)	забыва́ть (-ю, -ешь) - заб/ы́ть (-у́ду, -у́дешь)
Vergleich	порівня́нн/я *n* -я	сравне́ни/е *n* -я
vergleichen	порівню/вати (-ю, -єш) - порівня́/ти (-ю, -єш)	сра́внива/ть (-ю, -ешь) - сравн/и́ть (-ю, -и́шь)
Vergnügen	задово́ленн/я *n* -я	удово́льстви/е *n* -я
Mit ...	З задово́ленням.	С удово́льствием.
Vergünstigung	пільг/а *f* -и	льго́т/а *f* -ы
verhandeln	ве/сти́ перемо́в/и, обгово́рю/вати (-ю, -єш)	ве/сти́ перегово́р/ы, обсужда́/ть (-ю, -ешь)
Verhandlung	перемо́в/и *Pl.* -, перегово́р/и *Pl.* -ів	перегово́р/ы *Pl.* -ов, обсужде́ни/е *n* -я
verheiratet	одру́жен/ий, -а	жена́т/ый, заму́жн/яя, за́мужем
Verkauf	про́даж *m* -у	прода́ж/а *f* -и
verkaufen	прода/ва́ти (-ю́, -єш) - прода́/ти (-м -си́)	прода/ва́ть (-ю́, -ёшь) - прода́/ть (-м, -шь)
Verkäufer	продав/е́ць *m* -ця́	продав/е́ц *m* -ца́
Verkehr	тра́нспорт *m* -у, доро́жн/ій рух *m*	тра́нспорт *m* -а, у́личн/ое движе́ни/е *n*
Verkehrsampel	світлофо́р *m* -а	светофо́р *m* -а
Verkehrsmittel	тра́нспортн/ий зас/іб *m*	тра́нспортн/ое сре́дств/о *n*
Verlag	видавни́цтв/о *n* -а	изда́тельств/о *n* -а
Verlauf	х/ід *m* -о́ду, пере́біг *m* -у	ход *m* -а, тече́ни/е *n* -я
im ...	у х/о́ді, під час *(G)*	в хо́д/е, в тече́ни/е *(G)*
verlieben, sich	зако́ху/ватися (-юсь, -єшся) - закоха́/тися (-юсь, -єшся)	влюбля́/ться (-юсь, -ешься) - влюб/и́ться (-лю́сь, -и́шься)
verlobt	зару́чен/ий, -а	помо́лвленн/ый, -ая
Verlobter (-e)	нарече́н/ий *m* -ого, нарече́н/а *f* -ої	жени́х *m* -а́, неве́ст/а *f* -ы
Verlobung	зару́чин/и *Pl.* -	помо́лвк/а *f* -и
vermieten	зда/ва́ти - зда́/ти внайми́	сда/ва́ть - сда/ть внаём
Vermieter	оренда́тор *m* -а	аренда́тор *m* -а
Vermögen	ста́т/ок *m* -ку, майн/о́ *n* -а́	состоя́ни/е *n* -я, иму́ществ/о *n* -а
vermögend	замо́жн/ий, -а, -е	состоя́тельн/ый -ая, -ое

Deutsch	Ukrainisch	Russisch
veröffentlichen	публіку/вати (-ю, -єш) - опубліку/вати	публик/овать (-ую, -уешь) - опублик/овать
Veröffentlichung	публікаці/я *f* -ї, виданн/я *n* -я	публикаци/я *f* -и, издани/е *n* -я
Verpackung	упаковк/а *f* -и	упаковк/а *f* -и
verrückt	божевільн/ий, -а, -е	сумасшедш/ий, -ая, -ее
Versammlung	збор/и *Pl.* -ів	собрани/е *n* -я
Versand	відправк/а *f* -и, експедиці/я *f* -ї	отправк/а *f* -и, экспедици/я *f* -и
verschieden	різн/ий, -а, -е	разн/ый -ая, -ое, различн/ый, -ая, -ое
Verspätung	запізненн/я *n* -я	опоздани/е *n* -я
verstehen	розумі/ти (-ю, -єш) - зрозумі/ти	понима/ть (-ю, -ешь) - по/нять (-йму, -ймёшь)
Ich verstehe (nicht).	Я (не) розумію.	Я (не) понимаю.
Vertrag	догов/ір *m* -ору, угод/а *f* -и	договор *m* -а, контракт *m* -а
Verwaltung	управлінн/я *n* -я, адміністраці/я *f* -ї	управлени/е *n* -я, администраци/я *f* -и
verzeihen	пробача/ти (-ю, -єш) - пробач/ити (-у, -иш)	проща/ть (-ю, -ешь) - про/стить (щу, -стишь)
Verzeihung!	Пробачте!	Простите!
Videorecorder	відеомагнітофон *m* -а	видеомагнитофон *m* -а
Videospiel	відеогр/а *f* -и	видеоигр/а *f* -ы
Vieh	худоб/а *f* -и	скот *m* -а, скотин/а *f* -ы
viel(e)	багато *(G)*	много *(G)*, многие
vielleicht	можливо	возможно
violett	фіолетов/ий, -а, -е	фиолетов/ый, -ая, -ое
Vogel	птах *m* -а	птиц/а *f* -ы
Volk	народ *m* -у	народ *m* -а
voll	повн/ий, -а, -е	полн/ый, -ая, -ое
Vollmacht	доручення *n* -я	доверенност/ь *f* -и
von	від, з *(G)*	от, из, с, со *(G)*
vor	перед *(I)*	перед *(I)*
Vorhang	завіс/а *f* -и	занавес *m* -а
vorher	раніше, спочатку	ранее, сначала, сперва
Vorlesung	лекці/я *f* -ї	лекци/я *f* -и
vorn	попереду, спереду	впереди
Vorname	ім/'я *n* -ені	им/я *n* -ени

Deutsch	Ukrainisch	Russisch
Vorsicht	обере́жн/ість *f* -ості	осторо́жност/ь *f* -и
Vorsicht!	Обере́жно!	Осторо́жно!
vorwärts	упере́д, вперед	вперёд

W

Deutsch	Ukrainisch	Russisch
Waage	ваг/а́ *f* -и́	вес/ы́ *Pl.* -о́в
Waffe	збро́/я *f* -ї	ору́жи/е *n* -я
Wahl	ви́б/ір *m* -ору	вы́бор *m* -а
wahr	і́стинн/ий, -а, -е, правди́в/ий, -а, -е	и́стинн/ый, -ая, -ое, правди́в/ый, -ая, -ое
Ist das ...?	Це пра́вда?	Это пра́вда?
Wahrheit	пра́вд/а *f* -и, і́стин/а *f* -и	пра́вд/а *f* -ы, и́стин/а *f* -ы
Währung	валю́т/а *f* -и	валю́т/а *f* -ы
Waise	сирот/а́ *m f* -и́	сирот/а́ *m f* -ы́
Wald	ліс *m* -у, га́/й *m* -ю	лес *m* -а, ро́щ/а *f* -и
Wand	стін/а́ *f* -и́	стен/а́ *f* -ы́
Wandschrank	антресо́л/ь *f* -і	антресо́л/ь *f* -и
wann	коли́	когда́
Wanne	ва́нн/а *f* -и	ва́нн/а *f* -ы
warm	те́пл/ий, -а, -е, те́пло	тёпл/ый, -ая, -ое, тепло́
warten	чека́/ти (-ю, -єш), очі́ку/вати (-ю, -єш)	жд/ать (-у, -ёшь), ожида́/ть (-ю, -ешь)
warum	чому́	почему́
was	що	что
Waschbecken	умива́льник *m* -а, ра́ковин/а *f* -и	умыва́льник *m* -а, ра́ковин/а *f* -ы
Wäsche	білизн/а́ *f* -и́	бель/ё *n* -я́
waschen	ми́/ти (-ю, -єш), п/ра́ти (-еру́, -ере́ш)	м/ы́ть (-о́ю, -о́ешь), стира́/ть (-ю, -ешь)
waschen, sich	ми́/тися (-юсь, -єшся), вмива́/тися (-юсь, -єшся)	м/ы́ться (-о́юсь, -о́ешься), умыва́/ться (-юсь, -ешься)
Wäscherei	пра́льн/я *f* -і	пра́чечн/ая *f* -ой
Wäschetrockner	автома́т для суші́нн/я білизн/и *m*	автома́т для су́шк/и бель/я́ *m*
Waschmaschine	пра́льн/а маши́н/а *f*	стира́льн/ая маши́н/а *f*
Waschmittel	ми́льн/ий зас/і́б *m*	мо́ющ/ее сре́дств/о *n*
Wasser	вод/а́ *f* -и́	вод/а́ *f* -ы́
Wasserhahn	кран *m* -у	кран *m* -а
Wechsel	змі́н/а *f* -и, о́бмін *m* -у	сме́н/а *f* -ы, обме́н *m* -а

Deutsch	Ukrainisch	Russisch
Wechselkurs	курс обмі́н/у *m*	курс обме́н/а *m*
wechseln	міня́ти (-ю, -єш) - поміня́ти, обміня́ти	меня́ть (-ю, -ешь) - поменя́ть, обменя́ть
Wechselstelle	пункт обмі́н/у *m*	пункт обме́н/а *m*
wecken	буд/и́ти (-жу́, -иш) - розбуд/и́ти	бу/ди́ть (-жу́, -дишь) - разбу/ди́ть
Wecker	буди́льник *m* -а	буди́льник *m* -а
Weg	доро́г/а *f* -и, пут/ь *f* -і́	доро́г/а *f* -и, пут/ь *m* -и́
wegen	че́рез *(A)*, зара́ди *(G)*	из-за, ра́ди *(G)*
weich	м'як/и́й, -а́, -е́, м'я́ко	мя́гк/ий, -ая, -ое, мя́гко
Weihnachten	Різдв/о́ *n* -а́	Рождеств/о́ *n* -а́
weil	бо, тому́ що, оскі́льки	потому́ что, поско́льку
Wein	вин/о́ *n* -а́	вин/о́ *n* -а́
Weintrauben	виногра́д *m* -у	виногра́д *m* -а
weiß	бі́л/ий, -а, -е	бе́л/ый, -ая, -ое
welcher (-e, -es)	як/и́й, -а́, -е́	как/о́й, -а́я, -о́е
Welle	хви́л/я *f* -і	волн/а́ *f*, -ы́
Wellensittich	хвиля́ст/ий попуга́йчик *m*	волни́ст/ый попуга́йчик *m*
Welt	світ *m* -у	мир *m* -а
wenig(e)	ма́ло *(G)*	ма́ло *(G)*
wenn	коли́, якщо́	когда́, е́сли
wer	хто	кто
Westen	за́х/ід *m* -оду	за́пад *m* -а
westlich, West-	захі́дн/ий, -а, -е	за́падн/ый, -ая, -ое
wichtig	важли́в/ий, -а, -е, важли́во	ва́жн/ый, -ая, -ое, ва́жно
Wickelraum	кімна́т/а для пеленáнн/я *f*	ко́мнат/а для пелена́ни/я *f*
wie	як	как
Wiese	лук/а́ *f* -и́, галя́вин/а *f* -и	луг *m* -а, лужа́йк/а *f* -и
Wind	ві́т/ер *m* -ру	ве́т/ер *m* -ра
Windel	пелю́шк/а *f* -и	пелёнк/а *f* -и
Windmühle	вітря́к *m* -а́	ветря́н/ая ме́льниц/а *f*
Winter	зим/а́ *f* -и́	зима́ *f* -ы́
im ...	взи́мку	зимо́й
wir	ми	мы
wissen	зна́ти (-ю, -єш)	зна́ть (-ю, -ешь)
Wissenschaft	нау́к/а *f* -и	нау́к/а *f* -и
Witwer (-e)	удо́в/ець, вдов/е́ць *m* -ця́, удов/а́, вдов/а́ *f* -и́	вдов/е́ц *m* -ца́, вдов/а́ *f* -ы́
wo	де	где

Deutsch	Ukrainisch	Russisch
Woche	ти́ж/день *m* -ня	неде́л/я *f* -и
Wochenende	кін/е́ць ти́ж/ня	кон/е́ц неде́л/и *m*
Wochentag	д/ень ти́ж/ня *m*	д/ень неде́л/и *m*
woher	звідкіля́, зві́дки	отку́да
wohin	куди́	куда́
wohnen	ме́шка/ти (-ю, -єш)	жи/ть (-ву́, -вёшь), прожива́/ть (-ю, -ешь)
Wohnhaus	житлов/и́й буди́н/ок *m*	жил/о́й дом *m*
Wohnheim	гурто́жит/ок *m* -ку	общежи́ти/е *n* -я
Wohnung	житл/о́ *n* -а́, поме́шканн/я *n* -я	жили́щ/е *n* -а, кварти́р/а *f* -ы
Wohnzimmer	віта́льн/я *f* -і	гости́н/ая *f* -ой
Wolf	вовк *m* -а	волк *m* -а
wollen	хо/ті́ти (-чу, -чеш)	хо/те́ть (-чу́, -чешь)
Wort	сло́в/о *n* -а	сло́в/о *n* -а
Wörterbuch	словни́к *m* -а́	слова́р/ь *m* -я́
Wunde	ра́н/а *f* -и, тра́вм/а *f* -и	ра́н/а *f* -ы, тра́вм/а *f* -ы
Wunder	чу́д/о *n* -а	чу́д/о *n* -а
wunderbar	чудо́в/ий, -а, -е, чудо́во	чуде́сн/ый, -ая, -ое, чуде́сно
Wunsch	бажа́нн/я *n* -я	жела́ни/е *n* -я
wünschen	бажа́/ти (-ю, -єш) - побажа́ти	жела́/ть (-ю, -ешь) - пожела́ть
Wurst	ковбас/а́ *f* -и́	колба́с/а́ *f* -ы́

Z

Zahl	числ/о́ *n* -а́, ци́фр/а *f* -и	числ/о́ *n* -а́, ци́фр/а *f* -ы
zahlen	пла/ти́ти (-чу́, -тиш) - запла/ти́ти	пла/ти́ть (-чу́, -тишь) - запла/ти́ть
Zahn	зуб *m* -а	зуб *m* -а
Zahnarzt	зубн/и́й лі́кар *m*	зубн/о́й врач *m*
Zahnbürste	зубн/а́ щі́тк/а *f*	зубн/а́я щётк/а *f*
zart	ні́жн/ий, -а, -е, ні́жно	не́жн/ый, -ая, -ое, не́жно
Zaun	огоро́ж/а *f* -і, парка́н *m* -а́	и́згород/ь *f* -и, забо́р *m* -а
zeigen	пока́зу/вати (-ю, -єш) - пока/за́ти (-жу́, -жеш)	пока́зыва/ть (-ю, -ешь) - пока/за́ть (-жу́, -жешь)
Zeit	час *m* -у	вре́м/я *n* -ени
Zeitschrift	журна́л *m* -у, часо́пис *m* -у	журна́л *m* -а
Zeitung	газе́т/а *f* -и	газе́т/а *f* -ы

Deutsch	Ukrainisch	Russisch
Zelt	наме́т *m* -у	пала́тк/а *f* -и
Zentrum	центр *m* -у	центр *m* -а
Zeuge	сві́д/ок *m* -ка	свиде́тел/ь *m* -я
Zeugnis	свідо́цтв/о *n* -а	свиде́тельств/о *n* -а
Ziel	мет/а́ *f* -и́, ціл/ь *f* -і	цел/ь *f* -и
Zigarette	цига́рк/а *f* -и	сигаре́т/а *f* -ы
Zigarre	сига́р/а *f* -и	сига́р/а *f* -ы
Zimmer	кімна́т/а *f* -и	ко́мнат/а *f* -ы
Zitrone	лимо́н *m* -а, цитри́н/а *f* -и	лимо́н *m* -а
Zoll	ми́т/о *n* -а	по́шлин/а *f* -ы
Zollamt	ми́тниц/я *f* -і	тамо́жн/я *f* -и
Zollgebühr	ми́тн/ий зб/ір *m*	тамо́женн/ый сбор *m*
Zöllner(in)	ми́тник *m* -а, ми́тниц/я *f* -і	тамо́женник *m* -а, тамо́женниц/а *f* -ы
Zoo	зоопа́рк *m* -у	зоопа́рк *m* -а
zu	до *(G)*, на́дто, зана́дто	к *(D)*, до *(G)*, сли́шком, чрезме́рно
... groß	на́дто вели́к/ий	сли́шком больш/о́й
Zucker	цу́к/ор *m* -ру	са́хар *m* -а
Zuckerdose	цу́корниц/я *f* -і	са́харниц/а *f* -ы
zuerst	споча́тку	снача́ла, сперва́
Zufall	ви́пад/ок *m* -ку	слу́ча/й *m* -я
zufrieden	задово́лен/ий, -а, -е, задоволено	дово́льн/ый, -ая, -ое, дово́льно
Zug	потя́г *m* -у, по́їзд *m* -а	по́езд *m* -а
Zunge	язи́к *m* -а́	язы́к *m* -а́
zurück	наза́д	наза́д, обра́тно
zurückkehren	поверта́/тися - поверн/у́тися (наза́д)	возвраща́/ться - возвра/ти́ться (наза́д)
zwischen	між *(I)*	ме́жду *(I)*

Abkürzungen

A	Akkusativ (4. Fall)
arch.	archaische Konjugation
D	Dativ (3. Fall)
De.	Deutschland
f	Femininum (weiblich)
G	Genitiv (2. Fall)
I	Instrumental (5. Fall)
ind.	indeklinierbar
m	Maskulinum (männlich)
N	Nominativ (1. Fall)
n	Neutrum (sächlich)
Öst.	Österreich
P	Präpositiv (6. Fall)
Pers.	Personalpronomen
Pl.	Plural (Mehrzahl)
Poss.	Possessivpronomen
Ru.	Russland
Schw.	Schweiz
Sing.	Singular (Einzahl)
Ukr.	Ukraine
V	Vokativ (7. Fall)
v	vollendeter Aspekt
uv	unvollendeter Aspekt
I, II	erste, zweite Konjugation der Verben

Kurzgrammatik

Die Kurzgrammatik gewährt einen systematischen Einblick in die Grundstrukturen des Ukrainischen und des Russischen. Durch den Vergleich verschiedener grammatikalischer Aspekte werden Zusammenhänge und Unterschiede zwischen den beiden Sprachen deutlich.

Inhalt:
- Wortarten (Übersicht)
- Substantive (Geschlecht, Deklination)
- Adjektive (Klassifizierung, Deklination)
- Pronomen (Gruppen, Deklination der Personal- und Possessivpronomen)
- Verben (Präsens-Konjugation, Präteritum, Futur, Aspekte)
- Adverbien (Gruppen)
- Präpositionen (Bedeutung, Vergleich, Rektion)
- Konjunktionen (Bedeutung, Vergleich)
- Partikel (Bedeutung, Vergleich)
- Interjektionen (Bedeutung, Vergleich)

Wortarten

Man unterscheidet im Ukrainischen und im Russischen zehn Wortarten: das Substantiv, das Pronomen, das Adjektiv, das Zahlwort, das Verb, das Adverb, die Präposition, die Konjunktion, die Partikel und die Interjektion. Die ersten fünf gehören zu flektierten *(veränderlichen)*, die letzten zu nichtflektierten *(unveränderlichen)* Wortarten.

Substantive

bezeichnen Personen, Gegenstände, Namen und Begriffe. Man unterscheidet allgemeine Substantive und Eigennamen. Die allgemeinen Substantive werden klein, die Eigennamen (Namen von Personen, Städten, Ländern usw.) groß geschrieben.

Das Geschlecht der Substantive

Da es keine Artikel gibt, erkennt man das Geschlecht der Substantive an der Endung: endungslose Substantive (wie акт) sind männlich *(m)*, Substantive auf **-a** (wie нота) sind weiblich *(f)*, Substantive auf **-o** (wie кіно́ / кино́) sind sächlich *(n)*.

Kurzgrammatik 180

Weitere Endungen und Beispiele:

Deutsch		Ukrainisch			Russisch
Tisch	-	стіл	m	-	стол
Hotel	-ь	готе́ль		-ь	оте́ль
Museum	-й	музе́й		-й	музе́й
Vater	-о	ба́тько			
Kollege	-а	коле́га		-а	колле́га
Richter	-я	суддя́		-я	судья́
Zimmer	-а	кімна́та	f	-а	ко́мната
Küche	-я	ку́хня		-я	ку́хня
Schatten	-ь	тінь		-ь	тень
Nacht	-	ніч			ночь
Mutter / Frau	-и / -і	ма́ти / па́ні			мать
Fenster	-о	вікно́	n	-о	окно́
Meer	-е	мо́ре		-е	мо́ре
Aufgabe	-я	завда́ння			зада́ние
Mädchen	-а	дівча́			
Name	-м'я	ім'я́		-мя	и́мя

Das Geschlecht der ukrainischen und der russischen Substantive stimmt nicht immer überein:

Deutsch	Ukrainisch	Russisch
Urlaub	відпу́стка *(f)*	о́тпуск *(m)*
Weg	путь *(f)*	путь *(m)*
Schmerz	біль *(m)*	боль *(f)*
Sibirien	Сибі́р *(m)*	Сиби́рь *(f)*
Masern	кір *(m)*	корь *(f)*
Leben	життя́ *(n)*	жизнь *(f)*

Belebte und unbelebte Substantive

Man unterscheidet im Ukrainischen und im Russischen belebte und unbelebte Substantive. Belebte Substantive bezeichnen Lebewesen – Personen und Tiere. Unbelebte Substantive bezeichnen Gegenstände und abstrakte Begriffe:

	Deutsch	Ukrainisch	Russisch
belebt:	Peter, Tiger, Fahrer	Петро́, тигр, шофе́р	Пётр, тигр, шофёр
unbelebt:	Motor, Rakete, Tempo	мото́р, раке́та, темп	мото́р, раке́та, темп

Die Frage nach belebten Substantiven lautet **Хто?** / **Кто?** *(Wer?)*, nach unbelebten **Що?** / **Что?** *(Was?)*.

Deklination der Substantive

Die Substantive werden im Singular *(Sing.)* und im Plural *(Pl.)* dekliniert. Es gibt im Ukrainischen 7 Kasus: Nominativ *(N)*, Genitiv *(G)*, Dativ *(D)*, Akkusativ *(A)*, Instrumental *(I)*, Präpositiv *(P)*, Vokativ *(V)*. Der Vokativ wird nur bei Anrede gebraucht. Im Russischen gibt es 6 Kasus – wie im Ukrainischen, außer dem Vokativ.

Хто? Що? / Кто? Что? / *Wer? Was?*

Ukrainisch		Kasus	Russisch	
Хто?	Що?	N	Кто?	Что?
Кого́?	Чого́?	G	Кого́?	Чего́?
Кому́?	Чому́?	D	Кому́?	Чему́?
Кого́?	Що?	A	Кого́?	Что?
Ким?	Чим?	I	Кем?	Чем?
(На) кому́?	(На) чому́?	P	(На) ком?	(На) чём?
-	-	V	-	-

Deklination der Maskulina

Ukrainisch				Russisch		
Singular						
клас	друг	день	N	класс	друг	день
кла́су	дру́га	дня	G	кла́сса	дру́га	дня
кла́су	дру́гові	дню	D	кла́ссу	дру́гу	дню
клас	дру́га	день	A	класс	дру́га	день
кла́сом	дру́гом	днем	I	кла́ссом	дру́гом	днём
кла́сі	дру́гові	дні	P	кла́ссе	дру́ге	дне
кла́с/кла́се	дру́же	день/дню	V	-	-	-
Plural						
кла́си	дру́зі	дні	N	кла́ссы	друзья́	дни
кла́сів	дру́зів	днів	G	кла́ссов	друзе́й	дней
кла́сам	дру́зям	дням	D	кла́ссам	друзья́м	дням
кла́си	дру́зів	дні	A	кла́ссы	друзе́й	дни
кла́сами	дру́зями	дня́ми	I	кла́ссами	друзья́ми	дня́ми
кла́сах	дру́зях	днях	P	кла́ссах	друзья́х	днях
кла́си	дру́зі	дні	V	-	-	-

Deklination der Feminina

Ukrainisch				Russisch		
			Singular			
ка́рта	сестра́	неді́ля	N	ка́рта	сестра́	неде́ля
ка́рти	сестри́	неді́лі	G	ка́рты	сестры́	неде́ли
ка́рті	сестрі́	неді́лі	D	ка́рте	сестре́	неде́ле
ка́рту	сестру́	неді́лю	A	ка́рту	сестру́	неде́лю
ка́ртою	сестро́ю	неді́лею	I	ка́ртой	сестро́й	неде́лей
ка́рті	сестрі́	неді́лі	P	ка́рте	сестре́	неде́ле
ка́рто	се́стро	неді́ле	V	-	-	-
			Plural			
ка́рти	се́стри	неді́лі	N	ка́рты	сёстры	неде́ли
карт	сесте́р	неді́ль	G	карт	сестёр	неде́ль
ка́ртам	се́страм	неді́лям	D	ка́ртам	сёстрам	неде́лям
ка́рти	сесте́р	неді́лі	A	ка́рты	сестёр	неде́ли
ка́ртами	се́страми	неді́лями	I	ка́ртами	сёстрами	неде́лями
ка́ртах	се́страх	неді́лях	P	ка́ртах	сёстрах	неде́лях
ка́рти	се́стри	неді́лі	V	-	-	-

Ukrainisch				Russisch		
			Singular			
ніч	тінь	ма́ти	N	ночь	тень	мать
но́чі	ті́ні	ма́тері	G	но́чи	те́ни	ма́тери
но́чі	ті́ні	ма́тері	D	но́чи	те́ни	ма́тери
ніч	тінь	ма́тір	A	ночь	тень	мать
ні́ччю	ті́нню	ма́тір'ю	I	но́чью	те́нью	ма́терью
но́чі	ті́ні	ма́тері	P	но́чи	те́ни	ма́тери
ніч/но́че	тінь/ті́не	ма́ти	V	-	-	-
			Plural			
но́чі	ті́ні	матері́	N	но́чи	те́ни	ма́тери
ноче́й	тіне́й	матері́в	G	ноче́й	тене́й	матере́й
ноча́м	тіня́м	матеря́м	D	ноча́м	теня́м	матеря́м
но́чі	ті́ні	матері́в	A	но́чи	те́ни	матере́й
ноча́ми	тіня́ми	матеря́ми	I	ноча́ми	теня́ми	матеря́ми
ноча́х	тіня́х	матеря́х	P	ноча́х	теня́х	матеря́х
но́чі	ті́ні	матері́	V	-	-	-

Deklination der Neutra

Ukrainisch				Russisch		
Singular						
вікно́	мо́ре	завда́ння	N	окно́	мо́ре	зада́ние
вікна́	мо́ря	завда́ння	G	окна́	мо́ря	зада́ния
вікну́	мо́рю	завда́нню	D	окну́	мо́рю	зада́нию
вікно́	мо́ре	завда́ння	A	окно́	мо́ре	зада́ние
вікно́м	мо́рем	завда́нням	I	окно́м	мо́рем	зада́нием
вікні́	мо́рі	завда́нні	P	окне́	мо́ре	зада́нии
вікно́	мо́ре	завда́ння	V	-	-	-
Plural						
ві́кна	моря́	завда́ння	N	о́кна	моря́	зада́ния
ві́кон	морі́в	завда́нь	G	о́кон	море́й	зада́ний
ві́кнам	моря́м	завда́нням	D	о́кнам	моря́м	зада́ниям
ві́кна	моря́	завда́ння	A	о́кна	моря́	зада́ния
ві́кнами	моря́ми	завда́ннями	I	о́кнами	моря́ми	зада́ниями
ві́кнах	моря́х	завда́ннях	P	о́кнах	моря́х	зада́ниях
ві́кна	моря́	завда́ння	V	-	-	-

Ukrainisch				Russisch
Singular				
дівча́	котя́	ім'я́	N	и́мя
дівча́ти	котя́ти	і́мені	G	и́мени
дівча́ті	котя́ті	і́мені	D	и́мени
дівча́	котя́	ім'я́	A	и́мя
дівча́м	котя́м	і́менем / ім'я́м	I	и́менем
дівча́ті	котя́ті	і́мені	P	и́мени
дівча́	котя́	ім'я́	V	-
Plural				
дівча́та	котя́та	імена́	N	имена́
дівча́т	котя́т	іме́н	G	имён
дівча́там	котя́там	імена́м	D	имена́м
дівча́т	котя́т	імена́	A	имена́
дівча́тами	котя́тами	імена́ми	I	имена́ми
дівча́тах	котя́тах	імена́х	P	имена́х
дівча́та	котя́та	імена́	V	-

Kurzgrammatik 184

Adjektive

beziehen sich immer auf Substantive und stimmen mit ihnen im Genus, Numerus und Kasus meistens überein. Die Frage nach Adjektiven lautet **Яки́й? Яка́? Яке́? Які́?** / **Како́й? Кака́я? Како́е? Каки́е?** / *Welcher? Was für ein ...? Welche? Was für eine ...? Welches? Welche? (Pl.)*

Der Betonung nach unterscheidet man *stamm-* und *endbetonte* Adjektive: бі́л-ий, бі́л-а, бі́л-е, бі́л-і / бе́л-ый, бе́л-ая, бе́л-ое, бе́л-ые *(stammbetont)*, прост-и́й, прост-а́, прост-е́, прост-і́ / прост-о́й, прост-а́я, прост-о́е, прост-ы́е *(endbetont)*.

Dem Stammauslaut nach unterscheidet man *harte* und *weiche* Adjektive: нов-и́й, нов-а́, нов-е́, нов-і́ / но́в-ый, но́в-ая, но́в-ое, но́в-ые *(hart)*, *aber* си́н-ій, си́н-я, си́н-є, си́н-і / си́н-ий, си́н-яя, си́н-ее, си́н-ие *(weich)*.

Deklination der Adjektive

Яки́й? Яка́? Яке́? Які́? / Како́й? Кака́я? Како́е? Каки́е?

Ukrainisch				Russisch		
Singular						
m	f	n		m	f	n
Яки́й?	Яка́?	Яке́?	N	Како́й?	Кака́я?	Како́е?
Яко́го?	Яко́ї?	Яко́го?	G	Како́го?	Како́й?	Како́го?
Яко́му?	Які́й?	Яко́му?	D	Како́му?	Како́й?	Како́му?
Яко́го? / Яки́й?	Яку́?	Яке́?	A	Како́го? / Како́й?	Каку́ю?	Како́е?
Яки́м?	Яко́ю?	Яки́м?	I	Каки́м?	Како́й?	Каки́м?
Яко́му?	Які́й?	Яко́му?	P	Како́м?	Како́й?	Како́м?
Plural						
Які́?			N	Каки́е?		
Яки́х?			G	Каки́х?		
Яки́м?			D	Каки́м?		
Яки́х? / Які́?			A	Каки́х? / Каки́е?		
Яки́ми?			I	Каки́ми?		
Яки́х?			P	Каки́х?		

Harte Adjektive

Ukrainisch				Russisch		
\multicolumn{7}{c}{Singular}						
m	*f*	*n*		*m*	*f*	*n*
бі́лий	бі́ла	бі́ле	N	бе́лый	бе́лая	бе́лое
бі́лого	бі́лої	бі́лого	G	бе́лого	бе́лой	бе́лого
бі́лому	бі́лій	бі́лому	D	бе́лому	бе́лой	бе́лому
бі́лого / бі́лий	бі́лу	бі́ле	A	бе́лого / бе́лый	бе́лую	бе́лое
бі́лим	бі́лою	бі́лим	I	бе́лым	бе́лой	бе́лым
бі́лому	бі́лій	бі́лому	P	бе́лом	бе́лой	бе́лом
\multicolumn{7}{c}{Plural}						
бі́лі			N	бе́лые		
бі́лих			G	бе́лых		
бі́лим			D	бе́лым		
бі́лих / бі́лі			A	бе́лых / бе́лые		
бі́лими			I	бе́лыми		
бі́лих			P	бе́лых		

Weiche Adjektive

Ukrainisch				Russisch		
\multicolumn{7}{c}{Singular}						
m	*f*	*n*		*m*	*f*	*n*
си́ній	си́ня	си́нє	N	си́ний	си́няя	си́нее
си́нього	си́ньої	си́нього	G	си́него	си́ней	си́него
си́ньому	си́ній	си́ньому	D	си́нему	си́ней	си́нему
си́нього / си́ній	си́ню	си́нє	A	си́него / си́ний	си́нюю	си́нее
си́нім	си́ньою	си́нім	I	си́ним	си́ней	си́ним
си́ньому	си́ній	си́ньому	P	си́нем	си́ней	си́нем
\multicolumn{7}{c}{Plural}						
си́ні			N	си́ние		
си́ніх			G	си́них		
си́нім			D	си́ним		
си́ніх / си́ні			A	си́них / си́ние		
си́німи			I	си́ними		
си́ніх			P	си́них		

Kurzgrammatik 186

Pronomen

Man unterscheidet im Ukrainischen und im Russischen folgende Pronomengruppen:

1. Personalpronomen: я, ти, ... / я, ты, ... / *ich, du,* ...
2. Possessivpronomen: мій, твій, ... / мой, твой, ... / *mein, dein,* ...
3. Interrogativpronomen: Хто? Що? ... / Кто? Что? ... / *Wer? Was?* ...
4. Relativpronomen: хто, що, ... / кто, что, ... / *wer, was,* ...
5. Demonstrativpronomen: цей, ця, ... / этот, эта, ... / *dieser, diese,* ...
6. Determinativpronomen: увесь, уся, ... / весь, вся, ... / *der ganze, die ganze,* ...
7. Das Reflexivpronomen себе / себя / *sich*
8. Negativpronomen: ніхто, ніщо, ... / никто, ничто, ... / *niemand, nichts,* ...
9. Indefinitpronomen: хтось, щось, ... / кто-то, что-то, ... / *jemand, etwas,* ...

Personalpronomen

werden als „Stellvertreter" der Substantive gebraucht.

Deutsch	Ukrainisch	Russisch
ich	я	я
du	ти	ты
wir	ми	мы
ihr / Sie*	ви / Ви*	вы / Вы*
er	він	он
sie	вона	она
es	воно	оно
sie (Pl.)	вони	они

die Höflichkeitsform

Deklination der Personalpronomen

Ukrainisch					Russisch			
					1. und 2. Person			
я	ти	ми	ви	N	я	ты	мы	вы
мене	тебе	нас	вас	G	меня	тебя	нас	вас
мені	тобі	нам	вам	D	мне	тебе	нам	вам
мене	тебе	нас	вас	A	меня	тебя	нас	вас
мною	тобою	нами	вами	I	мной	тобой	нами	вами
(на)	(на)	(на)	(на)	P	(на)	(на)	(на)	(на)
мені	тобі	нас	вас		мне	тебе	нас	вас

Ukrainisch					Russisch			
				3. Person				
він	вона́	воно́	вони́	N	он	она́	оно́	они́
його́	її́	його́	їх	G	его́	её	его́	их
йому́	їй	йому́	їм	D	ему́	ей	ему́	им
його́	її́	його́	їх	A	его́	её	его́	их
ним	не́ю	ним	ни́ми	I	им	е́ю	им	и́ми
(на)	(на)	(на)	(на)	P	(на)	(на)	(на)	(на)
ньо́му	нїй	ньо́му	них		нём	ней	нём	них

Possessivpronomen

beziehen sich immer auf Substantive. Die Frage nach Possessivpronomen lautet **Чий? Чия́? Чиє́? Чиї́? / Чей? Чья? Чьё? Чьи? / Wessen?**

Die Possessivpronomen der 1. und 2. Person stimmen mit dem Substantiv im Genus, Numerus und Kasus überein.

Deutsch	Ukrainisch	Russisch
mein, dein (m)	мій, твій	мой, твой
meine, deine (f)	моя́, твоя́	моя́, твоя́
mein, dein (n)	моє́, твоє́	моё, твоё
unser, euer / Ihr* (m)	наш, ваш / Ваш*	наш, ваш / Ваш*
unsere, euere / Ihre* (f)	на́ша, ва́ша / Ва́ша*	на́ша, ва́ша / Ва́ша*
unser, euer / Ihr* (n)	на́ше, ва́ше / Ва́ше*	на́ше, ва́ше / Ва́ше*

**die Höflichkeitsform*

Die Possessivpronomen der 3. Person Singular des Ukrainischen und des Russischen sind für alle 3 Geschlechter gleich und werden nicht dekliniert. Bei der Pluralform gibt es Unterschiede: Das russische Possessivpronomen ist unveränderlich, das ukrainische dagegen wird regelmäßig verändert und dekliniert.

Deutsch	Ukrainisch	Russisch
sein, ihr, sein (m)		
seine, ihre, seine (f)	його́, її́, його́	его́, её, его́
sein, ihr, sein (n)		
ihr (m)	і́хній	
ihre (f)	і́хня	их
ihr (n)	і́хнє	

Deklination der Possessivpronomen

Чий? Чия? Чиє? Чиї? / Чей? Чья? Чьё? Чьи?

Ukrainisch				Russisch		
m	*f*	*n*		*m*	*f*	*n*
Чий?	Чия?	Чиє?	N	Чей?	Чья?	Чьё?
Чийого?	Чиєї?	Чийого?	G	Чьего?	Чьей?	Чьего?
Чийому?	Чиїй?	Чийому?	D	Чьему?	Чьей?	Чьему?
Чийого? / Чий?	Чию?	Чиє?	A	Чьего? / Чей?	Чью?	Чьё?
Чиїм?	Чиєю?	Чиїм?	I	Чьим?	Чьей?	Чьим?
Чийому?	Чиїй?	Чийому?	P	Чьём?	Чьей?	Чьём?

Singular

Ukrainisch		Russisch
Чиї?	N	Чьи?
Чиїх?	G	Чьих?
Чиїм?	D	Чьим?
Чиїх? / Чиї?	A	Чьих? / Чьи?
Чиїми?	I	Чьими?
Чиїх?	P	Чьих?

Plural

Ukrainisch				Russisch		
m	*f*	*n*		*m*	*f*	*n*
мій	моя	моє	N	мой	моя	моё
мого	моєї	мого	G	моего	моей	моего
моєму	моїй	моєму	D	моему	моей	моему
мого / мій	мою	моє	A	моего / мой	мою	моё
моїм	моєю	моїм	I	моим	моей	моим
моєму	моїй	моєму	P	моём	моей	моём

Singular

Ukrainisch		Russisch
мої	N	мои
моїх	G	моих
моїм	D	моим
моїх / мої	A	моих / мои
моїми	I	моими
моїх	P	моих

Plural

Ukrainisch				Russisch		
\multicolumn{7}{c}{Singular}						
m	*f*	*n*		*m*	*f*	*n*
наш	на́ша	на́ше	N	наш	на́ша	на́ше
на́шого	на́шої	на́шого	G	на́шего	на́шей	на́шего
на́шому	на́шій	на́шому	D	на́шему	на́шей	на́шему
на́шого / наш	на́шу	на́ше	A	на́шего / наш	на́шу	на́ше
на́шим	на́шою	на́шим	I	на́шим	на́шей	на́шим
на́шому	на́шій	на́шому	P	на́шем	на́шей	на́шем
\multicolumn{7}{c}{Plural}						
на́ші			N	на́ши		
на́ших			G	на́ших		
на́шим			D	на́шим		
на́ших / на́ші			A	на́ших / на́ши		
на́шими			I	на́шими		
на́ших			P	на́ших		

Die Possessivpronomen твій, твоя́, твоє́, твої́ (твой, твоя́, твоё, твои́) und ваш, ва́ша, ва́ше, ва́ші (ва́ши) / werden wie мій, моя́, моє́, мої́ (мой, моя́, моё, мои́) bzw. наш, на́ша, на́ше, на́ші (на́ши) dekliniert.

	Ukrainisch		
	\multicolumn{3}{c}{Singular}		
	m	*f*	*n*
N	і́хній	і́хня	і́хнє
G	і́хнього	і́хньої	і́хнього
D	і́хньому	і́хній	і́хньому
A	і́хнього / і́хній	і́хню	і́хнє
I	і́хнім	і́хньою	і́хнім
P	і́хньому	і́хній	і́хньому
	\multicolumn{3}{c}{Plural}		
N		і́хні	
G		і́хніх	
D		і́хнім	
A		і́хніх / і́хні	
I		і́хніми	
P		і́хніх	

Verben

drücken eine Handlung, ein Geschehen oder einen Zustand aus. Die Grundform des Verbs (den Infinitiv) erkennt man an der Endung **-ти** bzw. **-ть**: чита́ти, писа́ти / чита́ть, писа́ть / *lesen, schreiben*.

Die Präsens-Konjugation der Verben

Die 1. Konjugation (I)

Person	Ukrainisch			Russisch		
	чита́ти	писа́ти	малюва́ти	чита́ть	писа́ть	рисова́ть
я / я	чита́ю	пишу́	малю́ю	чита́ю	пишу́	рису́ю
ти / ты	чита́єш	пи́шеш	малю́єш	чита́ешь	пи́шешь	рису́ешь
він / он	чита́є	пи́ше	малю́є	чита́ет	пи́шет	рису́ет
ми / мы	чита́ємо	пи́шемо	малю́ємо	чита́ем	пи́шем	рису́ем
ви / вы	чита́єте	пи́шете	малю́єте	чита́ете	пи́шете	рису́ете
вони́ / они́	чита́ють	пи́шуть	малю́ють	чита́ют	пи́шут	рису́ют

Die 2. Konjugation (II)

Person	Ukrainisch			Russisch		
	стоя́ти	лежа́ти	говори́ти	стоя́ть	лежа́ть	говори́ть
я / я	стою́	лежу́	говорю́	стою́	лежу́	говорю́
ти / ты	стої́ш	лежи́ш	говори́ш	стои́шь	лежи́шь	говори́шь
він / он	стої́ть	лежи́ть	говори́ть	стои́т	лежи́т	говори́т
ми / мы	стої́мо	лежимо́	говори́мо	стои́м	лежи́м	говори́м
ви / вы	стої́те	лежите́	говори́те	стои́те	лежи́те	говори́те
вони́ / они́	стоя́ть	лежа́ть	говоря́ть	стоя́т	лежа́т	говоря́т

Einige Verben des Ukrainischen gehören der so genannten „archaischen Konjugation" *(arch.)* an:

Person	Ukrainisch		
	ї́сти	да́ти	відпові́сти
я	ї́м	дам	відпові́м
ти	їси́	даси́	відповіси́
він	їсть	дасть	відпові́сть
ми	їмо́	дамо́	відповімо́
ви	їсте́	дасте́	відповісте́
вони	їдя́ть	даду́ть	відповідя́ть

Die Reflexivverben werden wie alle Verben konjugiert:

Person	Ukrainisch		Russisch	
	купа́ти-ся *(I)*	вчи́ти-ся *(II)*	купа́ть-ся *(I)*	учи́ть-ся *(II)*
я / я	купа́ю-ся / -сь	вчу́-ся / -сь	купа́ю-сь	учу́-сь
ти / ты	купа́єш-ся	вчи́ш-ся	купа́ешь-ся	у́чишь-ся
він / он	купа́єть-ся	вчи́ть-ся	купа́ет-ся	у́чит-ся
ми / мы	купа́ємо-ся / -сь	вчимо́-ся / -сь	купа́ем-ся	у́чим-ся
ви / вы	купа́єте-ся / сь	вчите́-ся / -сь	купа́ете-сь	у́чите-сь
вони́ / они́	купа́ють-ся	вча́ть-ся	купа́ют-ся	у́чат-ся

Präteritum

Das Präteritum richtet sich im Gegensatz zum Präsens nicht nach Personen, sondern nur nach dem Genus und Numerus. Es wird durch Anfügen von -в, -ла, -ло, -ли / -л, -ла, -ло und -ли an den Infinitivstamm gebildet: стоя́-ти – він стоя́-в, вона́ стоя́-ла, воно́ стоя́-ло, вони́ стоя́-ли / стоя́-ть – он стоя́-л, она́ стоя́-ла, оно́ стоя́-ло, они́ стоя́-ли / *er (sie, es) stand, sie standen.*

Ukrainisch			Russisch		
	чита́-ти	вчи́-ти-ся		чита́-ть	учи́-ть-ся
він	чита́-в	вчи́-в-ся	он	чита́-л	учи́-л-ся
вона́	чита́-ла	вчи́-ла-ся / -сь	она́	чита́-ла	учи́-ла-сь
воно́	чита́-ло	вчи́-ло-ся / -сь	оно́	чита́-ло	учи́-ло-сь
вони́	чита́-ли	вчи́-ли-ся / -сь	они́	чита́-ли	учи́-ли-сь

Futur

Das Futur der unvollendeten Verben *(s. Verbalaspekte)* hat im Ukrainischen zwei Formen: die *einfache* und die *zusammengesetzte*. Im Russischen gibt es hier nur die *zusammengesetzte* Form. Alle Formen werden vom Infinitiv gebildet: писа́ти – я писа́тиму, ти писа́тимеш, ... (я бу́ду писа́ти, ти бу́деш писа́ти, ...) / писа́ть – я бу́ду писа́ть, ты бу́дешь писа́ть, ... / *schreiben – ich werde schreiben, du wirst schreiben, ...*

Person	Ukrainisch		Russisch
	лежа́ти		лежа́ть
	einfach	zusammengesetzt	zusammengesetzt
я / я	лежа́ти-му	бу́ду лежа́ти	бу́ду лежа́ть
ти / ты	лежа́ти-меш	бу́деш лежа́ти	бу́дешь лежа́ть
він / он	лежа́ти-ме	бу́де лежа́ти	бу́дет лежа́ть
ми / мы	лежа́ти-мемо	бу́демо лежа́ти	бу́дем лежа́ть
ви / вы	лежа́ти-мете	бу́дете лежа́ти	бу́дете лежа́ть
вони́ / они́	лежа́ти-муть	бу́дуть лежа́ти	бу́дут лежа́ть

Person	Ukrainisch		Russisch
	купа́ти-ся		купа́ться
	einfach	zusammengesetzt	zusammengesetzt
я / я	купа́ти-му-сь	бу́ду купа́тися	бу́ду купа́ться
ти / ты	купа́ти-меш-ся	бу́деш купа́тися	бу́дешь купа́ться
він / он	купа́ти-меть-ся	бу́де купа́тися	бу́дет купа́ться
ми / мы	купа́ти-мемо-сь	бу́демо купа́тися	бу́дем купа́ться
ви / вы	купа́ти-мете-сь	бу́дете купа́тися	бу́дете купа́ться
вони́ / они́	купа́ти-муть-ся	бу́дуть купа́тися	бу́дут купа́ться

Die Futurkonjugation der vollendeten Verben entspricht ihrer Form nach der Präsenskonjugation der unvollendeten Verben: прочита́ти – я прочита́ю, ти прочита́єш, ... / прочита́ть – я прочита́ю, ти прочита́ешь, ... / *lesen – ich werde lesen, du wirst lesen,* ...

Verbalaspekte

bezeichnen die Betrachtungsweise des Sprechers in einer konkreten Situation. Es gibt zwei Aspekte – den unvollendeten und vollendeten, die ein Verbpaar bilden: чита́ти – прочита́ти / чита́ть – прочита́ть / *lesen*, писа́ти – написа́ти / писа́ть – написа́ть / *schreiben*.

Der unvollendete Aspekt *(uv)* zeigt die Handlung in ihrem Verlauf oder als Wiederholung und gewohnheitsmäßiges Geschehen – meistens ohne zeitliche Begrenzung. Diese Betrachtungsweise ist für alle Zeitformen *(Präsens, Präteritum, Futur)* möglich:
– Ві́ктор чита́є (чита́в, чита́тиме) кни́жку. / Ви́ктор чита́ет (чита́л, бу́дет чита́ть) кни́гу. / *Viktor liest (las) das Buch (wird das Buch lesen).*
Der vollendete Aspekt *(v)* zeigt die Handlung als ein Ganzes, als ein abgeschlossenes Ereignis. Diese Betrachtungsweise ist nur im Präteritum und Futur möglich und *niemals* im Präsens:

– Іван прочитав (прочитає) книжку. / Иван прочитал (прочитает) книгу. / *Iwan hat /das ganze/ Buch gelesen (wird /das ganze/ Buch lesen).*

Adverbien

machen Angaben zu Umständen bestimmter Vorgänge oder Eigenschaften. Der Bedeutung nach unterscheidet man folgende Adverbiengruppen:
- Lokaladverbien: тут, праворуч, ... / здесь, справа, ... / *hier, rechts,* ...
- Adverbien der Art und Weise: тепло, добре, ... / тепло, хорошо, ... / *warm, schön,* ...
- Temporaladverbien: зараз, потім, ... / сейчас, потом, ... / *jetzt, dann,* ...
- Frageadverbien: Де? Як? ... / Где? Как? ... / *Wo? Wie?* ...
- Relativadverbien): де, як, ... / где, как, ... / *wo, wie,* ...
- Negativadverbien: ніде, ніколи, ... / нигде, никогда, ... / *nirgendwo, niemals,* ...
- Indefinitadverbien: десь, якось, ... / где-то, как-то, ... / *irgendwo, irgendwie,* ...

Adverbien können von anderen Wortarten, wie Substantive oder Adjektive, abgeleitet werden:
- ранок - вранці / утро - утром / *Morgen - morgens*
- літо - влітку / лето - летом / *Sommer - im Sommer*
- добрий - добре / хороший - хорошо / *guter - gut*
- німецький - по-німецьки / немецкий - по-немецки / *deutscher - deutsch*

Es gibt aber auch selbständige Adverbien: зараз / сейчас / *jetzt*, дуже / очень / *sehr*.

Präpositionen

sind unveränderliche Hilfswörter, die Beziehungen zwischen einzelnen Satzgliedern ausdrücken: в / у *(in, an, nach, bei)*, на *(auf, in, an, nach)*, по *(durch, entlang, in, bis)*, за *(für, hinter)* usw. Jede Präposition hat eine eigene Rektion. Viele Präpositionen haben mehrere Bedeutungen und können dadurch mehrere Rektionen haben:
- Дякую <u>за</u> книжку. / Спасибо <u>за</u> книгу. / *Danke <u>für</u> das Buch. (Akkusativ)*
- <u>За</u> музеєм стояв пам'ятник. / <u>За</u> музеем стоял памятник. / *<u>Hinter</u> dem Museum stand ein Denkmal. (Instrumental)*

Häufig gebrauchte Präpositionen:

Deutsch	Ukrainisch	Russisch
auf	на *(P, A)*	на *(P, A)*
aus	з / зі / із *(G)*	из *(G)*
außer	крім *(G)*	кроме *(G)*
bei	при *(P)*, у / в *(G)*	при *(P)*, у *(G)*
bis	до *(G)*	до *(G)*
dank	завдяки *(D)*	благодаря *(D)*
durch	через *(A)*	через *(A)*, из-за *(G)*
entlang	уздовж *(G)*, по *(P)*	вдоль *(G)*, по *(D)*
in, an	у / в / на *(P, A)*	в / на *(P, A)*
mit	з / зі / із *(I)*	с / со *(I)*
neben	біля, коло *(G)*	возле, у, около *(G)*
ohne	без *(G)*	без *(G)*
über	про *(A)*, над *(I)*	о *(P)*, про *(A)*, над *(I)*
unter	під *(I, A)*	под *(I, A)*
von	від, з / зі / із *(G)*	от, из, с *(G)*
vor	перед *(I)*	перед *(I)*
zu	до *(G)*	до *(G)*, к *(D)*
zwischen	між *(I)*	между *(I)*

Konjunktionen

sind Hilfswörter, die einzelne Wörter und Satzteile miteinander verbinden. Die gebräuchlichsten von ihnen sind:

Deutsch	Ukrainisch	Russisch
und, auch	і, й, та	и, да
aber	а, але	а, но
oder	або	или
sogar	навіть	даже
wenn	якщо, коли	если, когда
dass, damit, um zu	щоб, щоби, аби	чтоб, чтобы
jedoch	однак	однако
sowohl ... als auch ...	і ..., і ...	и ..., и ...
mal ... mal ...	то ..., то ...	то ..., то ...
weder ... noch ...	ні ..., ні ...	ни ..., ни ...

Partikel

sind Hilfswörter, welche dem Wort oder dem Satz eine zusätzliche Bedeutung oder Schattierung verleihen:

Deutsch	Ukrainisch	Russisch
ja, so	так	да, так
nein	ні	нет
nicht, kein	не	не
ob, wirklich	чи, невже́	ли, неуже́ли
etwa	хіба́	ра́зве
das, dies	це	э́то
da	ось	вот
doch	ж, же, адже́	ж, же, ведь

Interjektionen

sind Ausrufeworte, welche einen bestimmten emotionalen Gehalt tragen:

Deutsch	Ukrainisch	Russisch
Oh!	О!	О!
Los!	Марш! Дава́й!	Марш! Дава́й!
Raus!	Геть!	Вон!
Stopp!	Стоп!	Стоп!
Halt!	Стій!	Стой!
Mein Gott!	Бо́же мій!	Бо́же мой!
Danke!	Дя́кую!	Спаси́бо!
Guten Morgen!	До́брого ра́нку!	До́брое у́тро!
Guten Appetit!	Смачно́го!	Прия́тного аппети́та!

Literaturverzeichnis

Т. Лещук, В. Задорожний, М. Весна, О. Романишин
Українсько-німецький розмовник / Deutsch-ukrainischer Sprachführer
Світ, Львів 1992

В. С. Калашник, А. Я. Опришко, А. А. Свашенко
Русско-украинский разговорник
Вища школа, Київ 1992

Д. Романенко
Немецко-русский разговорник
Мартин, Москва 2000

G. Frank, M. Stein
Russisch für Geschäftsleute
Verlag Die Wirtschaft GmbH, Berlin – München 1992

G. Frank
Russisch für die Außenwirtschaft
Verlag Die Wirtschaft, Berlin 1989

М. Зубков
Сучасне українське ділове мовлення
Торсінг, Харків 2001

R. Rathmayr
Fachwörterbuch Marktwirtschaft Deutsch-Russisch
Ernst Klett Verlag für Wissen und Bildung, Stuttgart – Dresden 1993

L. Schubert
Ukrainisch für Anfänger und Fortgeschrittene
Harrassowitz Verlag, Wiesbaden 2005

Академія наук України / Інститут мовознаства ім. О. О. Потебні
Орфографічний словник української мови
Довіра, Київ 1994

Deutsch-Russisches Wörterbuch
Akademie-Verlag, Berlin 1991

Wikipedia
Die freie Enzyklopädie /http://de.wikipedia.org

В. А. Широков, О. М. Костишин, О. Г. Рабулець, І. В. Шевченко, Н. М. Сидорчук. Словники України on-line
/http://ulif.org.ua/ulp/dict_all/index.php

Ludmila Schubert

Ukrainisch für Anfänger und Fortgeschrittene

Übungen und Dialoge
MP3-Dateien zum Download
2., überarbeitete Auflage

2008. XIII, 312 Seiten, br
170x240 mm
ISBN 978-3-447-05766-0
€ 39,– (D)

„Ukrainisch für Anfänger und Fortgeschrittene" wendet sich an Lernende mit deutscher Muttersprache - Anfänger und Fortgeschrittene, mit und ohne Vorkenntnisse anderer slawischer Sprachen. Es kann im Sprachunterricht an Universitäten, Volkshochschulen und anderen Bildungseinrichtungen, aber auch im Selbststudium verwendet werden. Klare Gliederung der Unterrichtseinheiten, ausführliche Analyse des grammatikalischen Systems, lebendige, kommunikationsanregende Texte und Übungen ermöglichen einen schnellen und ergebnisorientierten Zugang zur modernen ukrainischen Sprache. Bereits vorhandene Kenntnisse können kontinuierlich erweitert und vervollständigt werden. Die zum Lehrbuch gehörenden MP3-Audiodateien helfen beim Einprägen der ukrainischen Aussprache, der Intonation und Lexik und fördern eine systematische Entwicklung des Hörverständnisses.

Kersten Krüger, Horst Rothe

Ukrainisch-Deutsches Wörterbuch (UDEW)

Broschierte Sonderausgabe -
Basiert auf Version 10.0 des digitalen Wörterbuchs

2022. 742 Seiten, br
170x240 mm
ISBN 978-3-447-11835-4
€ 39,– (D)

Die broschierte Sonderausgabe des Ukrainisch-deutschen Wörterbuchs (UDEW, Version 10) umfasst ca. 30.000 ukrainische Ein- und Mehrworteinträge, bei denen es sich zum überwiegenden Teil um Lexik handelt, die als Schnittmenge in ausgewählten Lehrwerken und einschlägigen Wörterbüchern zur ukrainischen Sprache enthalten ist. Darüber hinaus haben mit Ausnahme von Personennamen, die nur vereinzelt enthalten sind, auch alle Wörter, deren Formen zu den häufigsten 28.000 gehören, Eingang ins UDEW gefunden, und zudem auch zahlreiche Neologismen sowie Bezeichnungen für Realien aus dem deutschsprachigen Raum. Aus lexikalischer Sicht enthält das UDEW auch Abkürzungen, Wortfügungen im Sinne von Kollokationen, Wendungen, Redensarten, Phraseme und Sprichwörter. Mit Hilfe des UDEWs sollte es möglich sein, Texte aus dem Alltagsleben zu übersetzen, die nicht ausgesprochen fachspezifisches Vokabular beinhalten.

Basiert auf Version 10.0 des digitalen Wörterbuches.